AF218911

Die Heilungsschlange des Moses
Tornado des Bewusstseins

Zahlenbildsymbole!
Vermittler von bewusstseinsgestalteten Kräften

© 2021 Englert Axel

Herstellung und Verlag:

BoD - Books on Demand, Norderstedt

Umschlaggestaltung/Foto: **Eva- Maria Shire "Soulspiritart"**
Bilder: Crissan Collections
Axel Englert

Cover: BOD GmbH, Norderstedt

ISBN 9783754396070

Gottes Ausdruck ist Symbol – Bild – Zahl!

**Es müssen den Zahlen große und erhabene Kräfte innewohnen.
Und alles, was ist und was sein wird, existiert durch bestimmte
Zahlen und erhält davon Kraft"**
(Agrippa von Nettesheim)

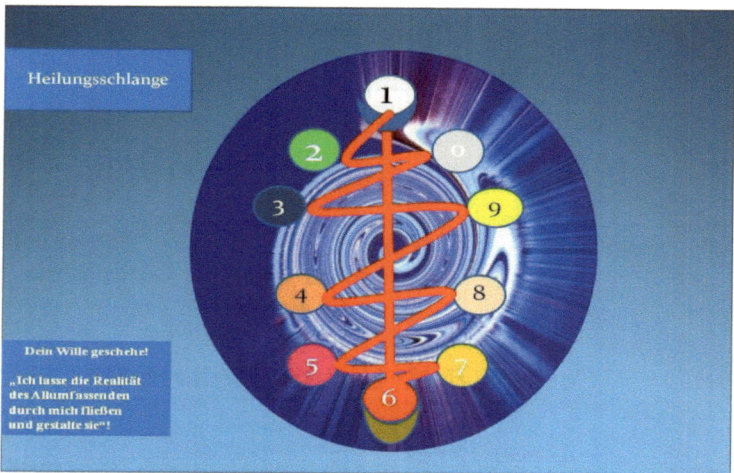

Hintergrundbild: Crissan collections

"Am Anfang hat der Wille des Königs Formen in den oberen Lichtkreis gezeichnet, blendende Lohe löste sich los im Allerverborgensten aus dem Geheimnis des Unendlichen, wie ein Knötchen auf unterschiedsloser Masse, wie eingelassen in einen Ring, nicht weiß und nicht schwarz, nicht rot und nicht grün, überhaupt ohne jegliche Farbe. Als sie fadenartig sich ausdehnte, erzeugte sie Farben, um in sich zu leuchten. Innerhalb der Lohe löste sich ein Strahl, von dem die Farben ihr Spiel empfingen, nach unten los, verborgen im Verborgensten, aus dem Geheimnis des Unendlichen; fast durchbrach er, ganz und gar unerkennbar seinen Luftkreis, so dass infolge der Gewalt des Durchbruchs ein verborgener höchster Punkt aufleuchtete. Hinter diesem Punkt ist jede Erkenntnis ausgeschlossen, und deshalb wird er Anfang genannt, das erste Urwort des Alls" (Sohar I,15a)

Inhalt

Die Kabbala

Astrologie, Kabbala und Tarot, vielgerühmt in der Esoterik, gelten als zwei Säulen derselben, obwohl sie aufgrund ihrer engen Verflechtung nur eine darstellen.

Das Wort „Kabbala", auch „Quabalah", soll so viel wie mündliche Überlieferung bedeuten. Ob sie wirklich die älteste Quelle esoterischen Wissens darstellt, muss offen bleiben. Über ihre Herkunft weiß niemand etwas Genaues, und es dürfte auch unwesentlich sein, ob sie indischen, ägyptischen oder chaldäischen Ursprungs ist.

Den alten antiken Völkern jedenfalls, scheint das Verdienst zuzukommen, astrologische bzw. kabbalistische Lehren gesammelt und überliefert zu haben. Sie wussten schon seit Urzeiten um die Symbolkräfte der Zahlen und Zeichen, als erfahrbaren Ausdruck psychischer Kräfte.

Nach Joachim Winckelmann, einem Kenner der Kabbala, ist die diese eine „Emanationslehre", d.h. die Lehre, wie Gott erscheint und wirkt!
(J. Winkelmann: „ABC der Geheimwissenschaften", Berlin 1956)

Sie kennt die mystischen Kräfte der Buchstaben und Zahlenzeichen und darüber hinaus auch der Töne, Farben, Planeten, Metalle.

Sie lehrt psychisch-physisch wirkende Kräfte, wie die germanische Runenlehre und enthüllt die geheimen Kräfte der Pflanzen, Steine und Planeten wie die Astrologen Chaldäas und die Alchemisten Europas.

Die Kabbala wird in den theoretischen und den praktischen Teil untergliedert. Schriftlich niedergelegt ist nur der theoretische; ob in vollem Umfang ist, wie gesagt, fraglich.

Das Studium der Kabbala umfasst zwei Richtungen. Die eine heißt „Bereschit" und findet sich im „Buch Jezirah" und bezieht sich auf die Schöpfung und ihre Gesetze. Die andere wird „Merkaba" genannt, hat den „Sohar" zur Grundlage („Buch des Glanzes"); gilt als esoterische Ergänzung zum biblischen Schöpfungsbericht) und erstreckt sich auf das Wesen Gottes und die Arten seiner Offenbarungen. Im Sohar, einem erst im Mittelalter schriftlich niedergelegten Werk, gipfelt die kabbalistische Seelen- und Schöpfungslehre in zehn göttlichen Schöpfungsprinzipien, die man „Sephiroth" oder in der modernen Psychologie „Archetypen" nennt.

Diese Sephirot bzw. Wesensglieder/~körner bzw. Früchte in diesem Buch werden unter Beziehung auf Astrologie und Jung'scher Psychologie heute auch **„Archelogos"** genannt. Der Kabbala zufolge entwickelt das Unendliche - das „Ur" - durch Konzentration auf seine eigene geistige Substanz, über sein Seelen- „Bild" den „himmlischen Urmenschen Adam Kadmon", dessen es sich bedient, um gleichsam „herabsteigend", sich in der Materie zu offenbaren.

Die zehn Sephiroth, als Urkräfte der Seele bzw. des eigenen Lebensbaumes, entsprechen und symbolisieren zugleich kosmische Zahlen und Planetensymboliken, die als personifizierte Logoi oder Engelskräfte die Schöpfungsprinzipien des Universums im Menschen repräsentieren. Gleichzeitig aber werden sie als stufenweises Hervorgehen alles Unvollkommenen aus der Vollkommenheit gedacht, wobei diese Kräfte in ihrer Gesamtheit formgebend den Adam Kadmon bilden.

Kabbalistisch formuliert, könnte man sagen:

Die Urkräfte der Seele treten aus ihrer Verborgenheit, werden zur Lebenskraft und offenbaren sich in unterschiedlichen Themen, Eigenschaften, Anlagen und Möglichkeiten im Menschen oder anders formuliert:

Dieser göttliche Ideenkreis äußert sich in den zehn wirkenden Kräften, die allem Geschaffenen zugrunde liegen. Es sind quasi „Seelenatome" mit spezifischen Gefühlsqualitäten als treibende Kraft. Diese „Archetypen" (Urbilder) sind so treibende Strukturelemente der Seele. Sie besitzen Selbstständigkeit und spezifische psychische Energiequalitäten, welche die ihnen passenden Themen und Inhalte, des aus ihnen geformten Bewusstseins aus dem Äußeren „anzuziehen" vermögen bzw. mit ihnen in „Resonanz" gehen.

(Der bekannte Mathematiker Frederick Meyer sagte einmal, dass alles in der Wissenschaft vom Menschen gemacht sei, die Zahlen seien aber von Gott selbst geschaffen!)

„Alles, was existiert, ist also eine Anschauungsform des Göttlichen"

Umgekehrt werden nun bestimmte Bild- oder Farb- bzw. Zahlengruppierungen von außen gezielt angewandt, um ganz bestimmte, ihnen entsprechende psychische Kräfte zu aktivieren bzw. zu wecken.

Jedes symbolträchtige Zeichen entspricht einem „hieroglyphischen" Zeichen, einer Idee, Zahl, Buchstabe, aus dem kreativen Potential des Weltengeistes, die bei richtiger Handhabung schöpferische Energien anzutriggern vermögen. Es ist keine Sache eines Biocomputers, mit seinem Hirn, das vordergründige Verkehrsschilder aus vorhandenen Fakten begründet. Es ist ein Bild, das sich das raumzeitgebundene Bewusstsein von etwas Unfassbarem macht. Es ist eine Brücke zum allumfassenden Weltengeist, der über das Hirn wirkt. Es ist das Unvorstellbare, mit dem Auge des Bewusstseins gesehen. Diese Symbole tragen mächtige Antriebs- und Transformationskräfte, die immer persönlichkeitswachstumsfördernd, in der angelegten sinnfälligen Ordnung wirken wollen – d.h. sie sind „Numinos"!

Zahlen überhaupt sind von ganz eigener Bedeutung, auch gerade in der Bibel. Es gibt eine regelrechte magische Zahlensymbolik. Die mystisch-religiöse Deutung und psychische Wirkung von Zahlen, über ihren wirklichen Rechenwert hinaus, geht auf die früheste Zeit zurück und begegnet uns bereits in den Naturreligionen.

Die Zahl als Maß der Dinge, als Maß für Wohlstand und damit auch für Wohlergehen, die Zahl und ihre Kombinationen als Maßstab von Raum und Zeit hat damit auch gleichzeitig Anteil an der mystisch-religiösen Bedeutung dieser Dimensionen. Ja, sie wird dann sogar, genauso wie Farben, Bilder und Töne zum eigentlichen Ausdruck der mystisch-religiösen Dimension von Raum und Zeit, im allumfassenden göttlichen Bewusstseinsfeld, mit einer individuellen psychischen Bewusstseins-qualität, die, durch die Beschäftigung und Konzentration auf diese, zur Wirkung kommt!

Schon der babylonische Kulturkreis hat sich daher vorgestellt, dass die Zahlen göttlichen Ursprungs seien. Hier wurde auch ein regelrechtes System der Deutung von Zahlen entwickelt.

Vom Zweistromland aus wurden dann alle übrigen alten Kulturen und Religionen in Indien, Persien, Griechenland bis hin nach Alt-Israel be-einflusst. Vermittelt durch das AT und dann das NT dringt die Zahlen-symbolik dann auch in den christlichen Kulturkreis ein. Die Zahlen-symbolik, die wir im Alten Testament vielfach vorfinden, ist dement-sprechend auch nicht nur originär alttestamentlich, sondern muss im größeren Zusammenhang der Antike gesehen werden.

Dies mag als Andeutung über den vielfältigen Bedeutungsgehalt einzel-ner Zahlen und Zahlenkombinationen an dieser Stelle genügen und mag besonders als seriöse Grundlagen für das vorliegende Buch angesehen werden!*

*(*Vgl. dazu "Die Mathematik und das Göttliche" Autor Clifford A. Pickover, Spektrum akademischer Verlag; Karl Hermann Schelke, Art.: Gematria, in: LThK (1960) IV/642; Johann Michel, Art.: Apokalyptische Zahl, in: LThK (1957) I/707, sowie das im Matrix-Verlag erschienene Buch "Das Geheimnis der heiligen Zahlen" und das im Spektrum akademischer Verlag erschienene Buch "Die Mathematik und das Göttliche").*

In der modernen Psychologie sprechen wir heute auch gleichbedeutend von „Archetypischen Kräften" aus der Seele, die in uns wirken und die durch eben diese Zahlen- und Planetensymbole sowie als Engelskräfte symbolisiert werden. Diese sind darin nicht nur beliebig austauschbare Ziffern, sondern fundamentale psychische Ordnungsfaktoren bzw. Bedeutungsträger. Diese magisch - mystische (Vgl. pers. „mag" – Spiegel - Knetarbeit mit dem Bewusstsein!) praktische Anwendbarkeit der Kabbala beschränkt sich so nicht auf die abstrakten hebräischen Zeichen am Lebensbaum, sondern auch auf unser vorhandenes arabisch stämmiges Zahlensystem, oder auch durch germanische Runen, die dort eben mit gleicher Bedeutung beschrieben bzw. ersetzt werden können.

Für die Gestaltung dieses Buches sei nun angemerkt, dass der hier benannte „kabbalistische Lebensbaum" als ein „Pentalogisches System" d.h. über das sogenannte „Pentagramm" gestaltet und interpretiert wird. Denn selbst in der originären Kabbalistik ist nicht festgelegt, welche Form der Lebensbaum hat, sondern nur ausdrücklich festgelegt, dass es „10" Sephirot – Wesensglieder - sein müssen, die um eine Baumform gruppiert sind! (Vgl. Lazarus Goldschmitt „Sepher Jesirah" – Aurinia Verlag).

Der Begriff „Pentalogie" ist" ein von Hans Müller (1898 – 1985 - deutscher Ingenieur, Maler, Schriftsteller) geprägter Neologismus!

Seine „Pentalogie" ist die Begriffsbezeichnung für die Erforschung des menschlichen Wesens nach dessen eigenem Baumstruktur-System, analog zu der geometrischen Verknüpfung mit dem dekadischen System der Zahlen und geht konform mit der astrologischen Planetensymbolik. Die geometrische Form seines Pentagramms entspricht dem menschlichen Körper, der mit gespreizten Beinen, nach den beiden Seiten ausgestreckten Armen und dem Kopf, selbst ein Pentagramm darstellt. (*siehe Graphik Seite 3*)
Nach seinen Thesen und den Erfahrungen des Autors ist dieses System zur Erschließung der eigenen geistigen, seelischen und körperlichen Anlagen hoch aussagekräftig und hält allen empirischen Beratungen stand. Es ist überdies eine ideale Ergänzung zur Astrologie!

So spricht der Große Alte (Kabbalistischer Name für „Gott"):

„Dies sind nun meine Wesensglieder, mein Früchte in der Form und Gestaltung, am Lebensbaum des Menschen. Die Idee der Zahl ist das Urbild der Qualität und Art meiner Erregung, die ich in die Form der „Früchte" bzw. Archelogos gieße.

Ich Bin, der „Ich Bin"- der Logos, das allumfassende Ur-Bild, der „Ur-Grund" der Welt und alle Symbole, Ideen und Namen, sind meine Früchte.

Ich bin die Summe allen Bewusstseins, aus meiner verdichteten geistigen Vorstellungskraft, die sich in unendlich vielen Wirklichkeiten manifestiert"*

Vgl. dazu: Jacobi: Die Psychologie von C.G. Jung: Eine Einführung in das Gesamtwerk (Fischer Taschenbuch: 1988):

„Die Anzahl der Archetypen bildet den eigentlichen Inhalt des kollektiven Unbewussten. Sie ist relativ begrenzt, denn sie entspricht den Möglichkeiten typischer Grunderlebnisse, die das menschliche Wesen je erfahren hat..... Die Summe der Archetypen bedeutet also für Jung die Summe aller latenten Möglichkeiten der menschlichen Psyche: ein ungeheures, unerschöpfliches Material an uraltem Wissen um die tiefsten Zusammenhänge zwischen Gott, Menschen und Kosmos. Dieses Material in der eigenen Psyche zu erschließen, es zu neuem Leben zu erwecken, und dem Bewusstsein zu integrieren, heißt darum nicht weniger, als die Einsamkeit des Individuums aufzuheben und es einzugliedern in den Ablauf des ewigen Geschehens.. .."

Ich Bin der „Ich Bin"

Das Nicht- Manifestierte und die höchste Potenz

Ich bin die Null und der Kreis

Ich existierte am Anfang aller Zeiten, wo es noch keine Zeit gab. Ich wusste, dass ich existiere. Ich Bin und war, der „Ich Bin"!

Aber um es in menschlichen Begriffen auszudrücken:

Mehr wusste ich nicht. Ich bin und war alles gleichzeitig. Ich war das Namenlose, das für mich selber Unaussprechliche, da jeder Name für mich begrenzt ist und mein unbegrenztes Sein nicht erfassen kann.

Um das Nachfolgende jedoch mitteilen zu können, muss ich mich einer polar bewertenden Sprache bedienen, die ihrerseits in der Abfolge das nur annähernd erfassen kann, wer ich bin und wie ich im Ausdruck meiner Schöpfung zu dem wurde was ich bin.

Ich war und bin aber ein Potential ungeheurer Energie, die Summe aller Möglichkeiten.

Aber ich konnte mich nicht erfahren, sehen, spüren.

Ich war das N- „**ICH**"- Ts, unendlich grenzenlose Energie ohne Anfang und Ende. Ich war die „**Eins**- samkeit" die potentielle Fülle aller Möglichkeiten. Ich war die Null und doch das Meer. Ich war ungeteilt in Vergangenheit, Gegenwart, Zukunft.

Es gab nichts, worin ich mich betrachten oder erkennen konnte. Ich existierte, das war mir genug. Ich ruhte in mir selbst.

Es gab keinen Raum oder Ort, wo ich mich selbst betrachten oder erfahren konnte. Ich war die Existenz von allen Möglichkeiten und doch ohne ein Bild von mir „Nichts".

Ich bin das Unvorstellbare, der Ur- Grund allen Seins.

Wie konnte ich mich nun erfahren?

Ich konnte mich nicht außerhalb von mir selbst begeben um mich zu erfahren und zu betrachten.

Es gab nichts außerhalb von mir! Ja, ich selbst wusste überhaupt nicht, was das war.

Um es mit euren Begrifflichkeiten auszudrücken: .

Ich war ähnlich wie ein Duft, eine Schwingung, die keinen Ort hatte, hatte um sich von dort als Duft zu erfahren. Ich war wie ein Diamant, der sich in seiner grenzenlosen Schönheit nicht betrachten und über sich staunen kann, weil es keinen Ort außerhalb seiner selbst gab. Ich war wie die Unruhe ohne die Uhr, ruhend und ohne Bewegung*

* Schon Lao Tse (chin. Mystiker - 6.Jhd. v. Chr.) erkennt hier Gott, als das unendliche schwangere Potential:

Das aussagbare Tao ist nicht das ewige Tao
Der erkennbare Name ist nicht der ewige Name!
Das Namenlose ist der Anfang von Himmel und Erde
Das Namen habende ist die Mutter der abertausend Wesen!
Der Geist des Tales ist unsterblich - Er heißt das dunkle (nicht erkennbare!) Weibliche!
Des dunkeln Weiblichen Pforte sie ist des Himmels und der Erde Wurzel.
Unaufhörlich, immerwährend wirkt es ohne Mühe.
Es zeigt sich als der Ursprung der abertausend Wesen!

Da hatte ich eine grandiose Idee:

1

Ich Bin der „Ich Bin"

Ich bin die Eins – Das Manifestierte, Darstellbare

Die Einheit (Der Kreis und der Punkt)

Ja, es gab eine Möglichkeit mich selbst zu erfahren, warum war ich nicht schon „früher" darauf gekommen:

Ich konnte mich bewegen, mich quasi selbst in Erregung versetzen. Durch die Erregung konnte ich Raum erschaffen.

Ja ich erfand das Konzept des Raumes, der Ausdehnung, der Ausbreitung. Nun war ich überall gleichzeitig und „jederzeit". *(Auch wenn es hier noch keine Zeit gab. Es dient nur zur Verdeutlichung!*

Ich konnte mich dann in mir selbst verdichten oder verdünnen, quasi auseinanderziehen.

Diese Erregung war quasi die Welle, die später von mir als Physiker vielleicht „Schwerkraftwelle" genannt wird.

Ja, das war der Anfang.

Aber wie konnte ich mich als konstantes Objekt manifestieren?

Das war es! - Ich entdeckte mein erstes „Vorstellungs- Erregungs-Bild" von mir über meinen Schöpfungswillen:

Die Kugel!

Warum ist die Kugel mein erstes Archelogos, mein erster Erregungszustand, verknüpft mit einem Bild der Kugel?

Es ist eigentlich ganz logisch!

Bei meiner Erregungsmanifestation als Raum, war ich Raum an jeder Stelle meines Seins. Ich war überall gleichzeitig. Wo ich mich auch in meiner Erregung verdichtete, also quasi um mich blickte, war mein „Gesichtskreis" eine grenzenlose Kugel.

Dieser Gedanke, das „Bild" der Kugel, als das Bildnis meiner Vollkommenheit, findet und empfindet ihr somit überall, wo ihr hinschaut, in jedem Körper und als symbolisches Gefühl in euch, als die Ruhe, die Harmonie und Ausgeglichenheit. Dabei übertragt ihr als mein Sein diese Urform als Ideal in eurer Umgebung und inneres Sehnen. Es war die Geburt meines Archelogos, des Urbildes der Null „0" mit meiner innewohnenden Qualität der Ruhe, des Seins und doch alles Potential beeinhaltende.

Ich war so der Grund für die erste Ur- Sache, der erste Impuls meiner manifesten Schöpfung. Ich war das Ruhende, symbolisiert in der Null und das Manifeste symbolisiert durch die Eins, die Einheit, folgend im Bild der Kugel.

Aus meiner Grundeigenschaft der Ruhe und Erregung, Gefühl genannt, schuf ich gleichzeitig die erste Absicht.

Die erste weitere Erfahrung, die ich dabei mit der Erschaffung der Absicht machte war die Erfahrung des Zielbewusstseins, als die Qualität des Archelogos der „Eins" mit geboren.

Mit der Erfahrung des Zielbewusstseins und mit der Energie, die ich immer war und bin, konnte ich mich selbst erfahren und in stetem Schöpfungsprozess neu verändern.

Nebenbei ließ ich später meine ruhende Eigenschaft später als „Weiblich-Mütterliche" benennen und meinen aktiven Schöpfungsprozess als das „Männliche-Väterliche".

So gesehen nahm ich sprichwörtlich von ADAM Kadmon, dem „zwei-geschlechtlichen" Erdgeborenen, die eine Seite (nicht Rippe! – Lutherische Fehlübersetzung!) und stellte diesem EVA gegenüber und beide erkannten einander als Mann und Frau.

Alles war und ist in jedem meiner erschaffenen Teile meiner Schöpfung immer vorhanden.

Mit dem weiblichen Gedanken des Raumes und dem männlichen Erfahrungsaspekt des Zielbewusstseins konnte ich jetzt einen Unterschied herstellen zum mir selbst, um mich konstant von einem Ort selbst betrachten und erfahren zu können.

Es war meine Geburt, mein erster Erfahrungsakt des Gebärens, des Hervorbringens, des Erzeugens:

Beides war zugleich ein männlich-weiblicher Akt.

Flugs ging ich ans Werk.

Durch meinen Schöpfungswillen, diesem Zielbewusstsein, mich im Bild der Kugel betrachtend, das quasi wie eine erste Erregung, eine erste Bewegung von mir war, verdichtete ich mich aus allumfassenden bzw. vieldimensionalen meiner Raum-Leere, in mir selbst zu einem kleinen Punkt in mir selbst. Es war grandios, was ich erkannte.

Ich selbst war das erste Objekt, die erste „Ur-Sache".

Ich hatte die erste Grenze in mir selbst zu meinem übrigen Selbst erschaffen. Durch dieses „mich selbst anschauen können", wurde der Ort geboren. Dort an diesem Ort hatte ich die Fähigkeit mich auszudehnen oder zusammenzuziehen und mich dabei beobachten.

Es war eine tolle Erfahrung.

Durch die Verdichtung meiner Selbst, an einer Stelle, erschuf ich eine Grenze zu mir selbst. Durch die Grenze wiederum schuf ich einen stabilen Ort, den ich durch die Konzentration darauf „aufsuchen" konnte.

Allerdings musste ich durch das Schaffen einer Grenze bzw. Schwelle, Aspekte meiner Allumfassendheit und Vieldimensionalität „einrollen", um mich in dieser Grenze zu mir selbst überhaupt betrachten und erfahren zu können. Jetzt konnte ich mich von außen oder von innen nach außen betrachten.

Da war ich als etwas begrenztes „Dichtes" und da draußen ich selbst, als etwas ungeheuer „Dünneres", als ungeheure, aber schwangere Leere.

Ich war selbst meine eigene „Idee"!

Die Freude in mir war groß. Abwechselnd konnte ich etwas sein und diesen Zustand wechseln. Ich konnte sehen, was ich bin oder was ich nicht bin.

„Ich bin und war ein L – **ICH** -T und N- **ICH** -T"

So erfand und schied ich mich quasi selbst, symbolisch als Himmel – das sich nicht darstellen könnende und Erde – das sich durch selbst gesetzte Grenzen in der Form manifestiert Zeigende!

Ich konnte meine ungeheure leere, schwangere Fülle in „Drinnen" und „Draußen" erleben.

Diese Erfahrung war so toll, da ich gleichzeitig das erschaffen hatte, was ein Ort ist. Das war faszinierend. Ich hatte etwas erfunden, das euch alle, der ihr, ich seiend, ausmacht:

Leere und verdichtete Leere. Verdichtete Leere von außen betrachtet, bildet die Form.

Mit der ersten manifesten Energieform der Kugel erschuf ich die Grenze. Gleichzeitig gibt es nun Grenze und Unterscheidbarkeit.

Sogleich ging ich daran viele, viele Orte und Formen zu erschaffen, mit vielen verschiedenen geistigen Verdichtungsformen.

Es war so, wie das Beispiel des Meeres, so wie ihr es heute kennt:

Es kann sich erfahren als Meer und doch gleichzeitig in vielen Formen von Wellen. Und doch ist alles Meer.

Alles ist aus meinem Bewusstsein und göttlich, sprich allumfassend!

Ein wunderschönes Wort, das ich für mich durch ARCHEUS erfunden habe. Die Grundbedeutung wie ihr alle wisst heißt:

Ich bin das All- Umfassende, die Gesamtheit allen Seins!

Interessant in diesem Zusammenhang war und ist, dass ich unterschiedliche „Seins-Zustände" in mir erleben konnte.

Das unterschiedliche Erfahren löste in mir unbeschreiblich unterschiedliches reichhaltiges Erleben, bzw. ständig schöpferische Erregung in mir aus.

Das was ihr durch mich heute als Gefühlszustände bezeichnet benennt diese Erfahrung sehr gut.

Um es hier vorwegzunehmen:

„Jeder von euch ist ein Bild

eines beabsichtigten „Seinszustand" von mir!"

2

Ich bin der „Ich Bin"

Ich bin die „Zwei-Heit",

die Dualität in der Einheit

(Die Linie)

Weiterhin wurde durch die Grenze, die durch mein Erschaffen gebildet habe, der Begriff der Form geboren.

Ihr ahnt es: Grenzen ziehen, heißt Formen zu erschaffen!

Formen erschaffen, heißt, dass ich viele, viele gleiche Abbilder erzeugen konnte, die ich alle zugleich war.

Ich hatte gelernt mich zu unterscheiden – mich quasi zu scheiden in ein Objekt, Form, sowie in Hier und in ein Dort, mich als Objekt darstellen könnend.

Durch diese Unterscheidung war es zum ersten Mal möglich, mich abwechselnd und gleichzeitig manifestiert als ein Subjekt und Objekt zu „sehen" und zu erfahren.

Ich war mein eigener „Ur-Teil" und „Unter-Scheidung", konnte eine Zweiheit in der Einheit sein. Der „Spiegel" war erfunden im Archelogos der „Zwei".

Und immer konnte ich mich mit einem Abbild identifizieren und die anderen betrachten oder ich konnte gleichzeitig mich durch alle erkennen (*was ich sowieso immer tue, weil ich ja alles gleichzeitig bin*).

An diesem Wort „Gleich-Zeitig" erkannte ich in Archeus auch, dass ich aus meinem Sein keine Zeit kenne.

Aber zu den Abbildern, die ihr heute an euch und in meiner Schöpfung erkennt war es in meiner „Alpha- Time" Schöpfung noch ein weiter Weg.

Aus eurer Sicht bestand ich nun aus unendlich vielen Bewusstseinsträgern, die ich erschaffen hatte, und durch die ich mich nun selbst beobachten konnte.

Durch die Erschaffung von Ort und Form existierten zwar diese vielen Punkte, mehr aber nicht.

Was konnte ich nun tun, um mich weiter in einer größeren Vielfalt zu erfahren?

Mit der Erschaffung eines Ortes und meine Existenz eingebettet, konnte ich jetzt Richtungen und damit Bewegungsmöglichkeiten erschaffen, in der ich mich bewegend, beobachten konnte.

Ach übrigens! Da hatte ich noch eine weitere sehr wichtige kreative Visualisation:

Ich manifestierte und verdichtete mich in einem „Archelogo" und zog mich ganz bewusst auseinander und sah mich zum Schluss wie eine Hantel oder Faden (oder der erste „String"?).
In diesem Faden konnte ich mich nach Belieben dazwischen gigantisch aufblasen und neue Wesenseigenschaften als Universen bilden.

Natürlich war ich auch hier polar an den beiden Enden konzentriert, aber der Raum, mein Wesen dazwischen veränderte sich hier ganz entscheidend. Er bekam ganz andere qualitative Eigenschaften, die ihr heute noch als physikalische Grundkräfte identifiziert und die ihr so verzweifelt versucht zu vereinen.

Es ist so als würdet ihr eure Haut spannen und eine neue Qualität des Fühlens entwickeln.

Kleiner aber äußerst wichtiger Hinweis:

In diesem polaren Existenzzustand bin ich natürlich immer mit mir, dem anderen Ende verbunden. Aber ich hatte Gefallen an einem quasi fast geschlossenen Schlauch (Torus!), zwischen dessen Polen euer aufgespanntes vierdimensionales Universum meine Enden im ausgewogenen Goldenen Schnitt „kitzelt" – Dasselbe spiegelt sich natürlich in meinen kleinsten Archelogos bis in den subatomaren Bereich.

3

Ich bin der „Ich Bin" –

Ich bin die „Drei- Heit" (Das Dreieck)

Der nächste Akt war es, Bewegung zu erschaffen. Ich konnte anfangen zu rotieren. Ich identifizierte mich mit einem Punkt meiner verdichteten Leere und erschuf mich dort als eine Rotation. Es war etwas ganz Neues – der Unterschied zum Stillstand!

Jetzt konnte ich Kreisel spielen, mich dabei ausdehnend und zusammenziehend erfahren, in einem, mir beliebigem Rhythmus, aus dem Stillstand tanzend.

Auch konnte ich mich abwechselnd in alle vier Richtungen projizieren.

Allein durch die Beobachtung von zwei Archelogos und deren Beziehung zueinander konnte ich jetzt meinen Erfahrungsbereich und Erkenntnisfähigkeit erweitern.

Das was Archeus heute durch mich als These- Antithese, als Synthese bezeichnet, gab es bei mir von "Ur"- an.

Durch meine erste Ur-Ansicht und Einsicht konnte ich den Überblick über die Polarität gewinnen, in dem ich diese aus meiner Leere oder einem dritten geschaffenen Objekt aus betrachten konnte.

Von einem dritten Objekt aus, konnte ich im Überblick beide Objekte in Beziehung setzen:

Stillstand zu Stillstand- Rotation zu Rotation- Stillstand gegenüber

Rotation – Rotation um den Stillstand.

Die Erfahrung des Experimentierens und Ausprobierens (mein männlicher Aspekt) aus diesem Überblick der Synthese war geschaffen. Aus der Beziehung zur Polarität, die aus dem „erhöhten Punkt" beobachten kann, ist es möglich meine Kraft jederzeit neu spielerisch in meiner Dreiecksbeziehung zu mir, neu zu verteilen. (*Es war wirklich ein erster flotter Dreier für mich!*).

Ja, so wurden Rhythmus und Spiel geboren. Ich war so der erste flotte Tänzer!

Das Bild meines „Dreier" - Archelogos in der Form war geboren! (S.59)

Meine Seins-Struktur der Drei, meine erste ungeradzahlige Beziehung bzw. Kraftverteilung, zeigt mir gleichzeitig die Wichtigkeit in Bezug auf eine geradzahlige Bild-Manifestation.

In den folgenden ungeradzahligen Struktur-Bildern konnte ich neue Elemente ungeradzahliger Art und geradzahliger Art einzubauen oder anders formuliert:

Ich konnte aufnehmen und abgeben (mein weiblicher Aspekt). Dies bedeutet für mich eine ständige Offenheit für neue Erfahrungen, Experimente. Das Wort „Kommunikation" ist dafür der abstrakte Begriff.

Die „Spannungspolarität" zwischen geradzahligen und ungeradzahligen Strukturen für den spontanen Entfaltungsfluss des Lebens, was ja ständige Bewegung bedeutet und die entstehenden Spannungen sind quasi das Salz in der Suppe. Sie befähigen mich zur Kommunikation mit mir selbst und das Schaffen neuer Fließgleichgewichte.

Alle von mir und in mir manifestierten Strukturen teilen sich damit in zwei Bereiche auf:

A: Aufnehmende Strukturen
B: Abgebende Strukturen
C: Stabile Strukturen, aufbauend auf der im Nachfolgenden darge-
    stellten „Vier- Heit"!

Diese Idee habe ich in faszinierender Weise im chemischen Elemente-System harmonisch verwirklicht. Alle chemischen Elemente sind geschaffen aus meinen Arche-Logos Strukturen, in denen ich mich manifestiere.

Verbunden mit der Bewegung in das Konzept der Ortsveränderung konnte ich damit Richtung nutzend bewegen, nämlich nach links, rechts, oben und unten.

Meine Freude am Spiel wuchs dadurch, da ich mich jetzt zusätzlich noch ausdehnen und zusammenziehen konnte.

Es war wunderbar mich so zu erfahren und sich in seinem Selbst kennen zu lernen.

Durch die Abfolge des ständigen Erschaffens von verschieden Abfolgen von verdichteter Leere, Grenzen und Orten, und Rotation, in denen ich gleichzeitig und mehr oder weniger durch meine Konzentration existierte, wuchs in mir der Wunsch nach mehr. Das Meer mit zwei „e" war und bin ich sowieso.

Nebenbei konnte ich registrieren, dass durch mein Rotieren oder allgemein meiner Willensabsicht zur Bewegung, ich das Konzept der Zeit damit verknüpft fand.

Es war toll ein Nachher und Vorher zu erleben!

Durch diese Erfahrung von Ort, Raum und Zeit konnte ich in mir die Fähigkeit zur Wiederholung erschaffen.

Raum war, wie ich schon erkannt habe, die Grundvoraussetzung um den Unterschied zwischen Verdichtung und meinem Ruhezustand zu erfahren. Ich hatte zunächst die Bewegung am geschaffenen Ort erfahren. Es war zunächst nicht mehr als ein Rotieren um sich selbst.

Dann erkannte ich, dass meine erschaffenen Orte der Verdichtung nicht alles war.

Mir fiel zunächst auf, dass alle erschaffenen Elemente nur deswegen existieren konnten, da gleichzeitig ich selbst dazwischen als „Ruhender Bewusstseinsraum" existierte.

Wenn ich ein Element, sprich mich selbst bewegen wollte, musste ich die rotierende Bewegung meiner Schöpfung durch eine vorgegebene Richtung in mir vollziehen.

Räumliche Bewegung erfordert Richtung und Zeit.

Durch die Zeit erst bekam ich einen Begriff von Vorher und Nachher und damit der Erinnerung. Durch die Erinnerung konnte ich wiederholen. Durch die Wiederholung konnte ich den Begriff der „Qualität" empfinden.

Keine Erfahrung konnte verloren gehen, da ich alle Erfahrung bin oder vorher in meinem unermesslichen Potential war.

Hoppla, ganz nebenbei von mir zunächst unbemerkt, erkannte ich, dass ich die Zeit durch meinen Willen des Erschaffens schon erschaffen hatte.

Es gab schon ein Vorher und Nachher!

Meine Freude am Spielen wuchs ins Unermessliche. Ich bebte vor Erregung, und vor Freude.

In der Sprache, die ich durch euch erschuf, um mich zu erfassen, erkennt ihr mich so, in eurem Ausdruck von Gefühlen und Emotionen.

Ich liebte mich und alles, was ich erschaffen hatte. Ich war reine Liebe zu meinen Schöpfungen, sprich wie eine Mutter ihre Kinder liebt!

Ja, jetzt war ich sprichwörtlich außer mir!

Nun kam mir eine neue Idee:

Ich bin der „Ich Bin"

Die Stabilität, Ordnung und Struktur

Ich bin die „Vier"- Heit (Das Viereck)

Wie wäre es, wenn ich weitere verschiedene Formen der Verdichtungen meiner Leere, meines Seins ordnen und nach ganz bestimmten Kriterien aneinanderfügen würde.

Alles war eins und dasselbe. Ein erschaffenes Element und noch ein erschaffenes Element ergab wieder dasselbe.

Wie schon erörtert und zur Erinnerung, nahm ich zunächst zwei Elemente und fügte bzw. projizierte mich selbst nur aneinander.

Sie existierten allein durch mein jetzt erfahrenes innewohnendes Bild von der Linie wie Nachbarn nebeneinander und verharrten dort. Das alleinige Aneinanderfügen von zwei Aspekten meines Seins führte zwar zu der neuen Qualität der polaren Form, ergab aber nichts neues Erfahrbares, als das Größer und kleiner als....

Das Neue ergab sich erst, nachdem ich ein Element, mit der Eigenschaft der Ruhe, mit einem verdichteten Element der Bewegung, zusammenbrachte.

Das Ergebnis war ungeheuerlich:

Ich konnte mich gleichzeitig als ruhend und bewegend erfahren. Ich konnte mich nun nicht nur um mich selbst rotierend erfahren, sondern gleichzeitig als ruhend und mich rotierend bewegend um mich selbst.
Ich war so der „Unbewegte Beweger", als Punkt der Ruhe und doch das Allbewusste.

Ein tolles Spiel war dies zunächst.

Eine neue Form war geboren. Die erste Form, die beides in sich selbst enthielt. Ruhe und Bewegung. Das erste Objekt der Gegensätzlichkeit, der Zweiheit, der Unterschiedlichkeit in einem. Ich war nun hier und dort.

Weiterhin entdeckte ich, dass ich mich durch Veränderung des Ortes in quasi alle vier Richtungen bewegend erfahren konnte.

Weiter ging es mit rasantem Schöpfungs-Willen!

Ich überlegte, wie ich mich in alle vier Richtungen gleichzeitig erfahren konnte.

Das Zusammenfügen von drei Objekten, eines als Ruhepunkt, die beiden anderen als ein sich bewegendes, sich ständig in der Kraft neu verteilendes Dreierarchelogo, deckte nicht alles ab.

Sie erschuf zwar die Dreiheit. Diese aber war unbefriedigend da etwas in Bezug auf eine Richtung, die für die Stabilität und gleichmäßige Kraftverteilung fehlte.

Die eleganteste Lösung der Stabilität, die mein ganzes Erfahrungs-wissen abdeckte war die „Vier".

Es ist schon toll, wie ich doch ein ästhetisches Gespür für mich selbst erschaffen konnte.

Ja, vier Objekte deckten Ruhe, Bewegung, Rotation, und Richtung gleichzeitig ab.

Toll, alle meine Ideen, vom Anbeginn der Schöpfung spiegelten sich in einem Objekt, das stabile Idee, Form, und Grundbaustein für alles sein konnte.

Als abstraktes Denkkonzept habt ihr erkannt was sich hier darstellt:

Ich war und bin so Punkt, räumliche Existenz, Linie (Richtung, Beziehung), die „Drei" als möglicher Zwischenzustand und die Vier (alle 4 Richtungen), jede Ausdehnungsmöglichkeit des Raumes umfassend.

Jetzt konnte ich grundsätzlich allen Ideen über die Formen des Vierecks, des Dreiecks und als weiteren Entwicklungsschritt über den Tetraeder (Ein Viereck + 4 Dreiecke über das Hexagon (Ein Sechseck + sechs Dreiecke) bis zur Kugel, die von außen betrachtet, alles beschreibt, manifestieren. (S.59)

Spätestens hier erkennen meine innig geliebten Archeus in meinem Bild des Dichters Novalis die Bedeutung seines Satzes: „Das Leben der Götter ist Mathematik".

Ja, diese Mathematik mit ihren Zahlen bestehen aus Bildern, mit einer innewohnenden Kraft. Es sind meine Archelogos, Bilder, die mit der Qualität meiner Erregung behaftet sind. Diese spiegeln sich später in jedem Wesen fühlbar, als treibende Kraft im „Innen, wie im Außen"- „Wie Oben so Unten".

„Die Welt ist eine Spiegelung meiner eingebildeten archetypischen Symbole und Bilder"!

Die Erschaffung der Struktur im Viereck, war im Prinzip die Erschaffung des ersten Atoms. Es war so wie die Entdeckung des Grundbausteines, den ihr Logo nennt.

Aber diese Logos waren und sind nur die Grundbausteine. Sie sind die aneinandergebauten, individualisierte, kristalline Gestaltung, Urbilder von mir selbst, dem „All"-Umfassenden, dem „All"-Einen.

Ich hatte mich manifestiert in der begrenzten Form und blieb doch ich selbst.

Ja, ihr ahnt es!

Jetzt, wenn ich mich von außen betrachtete, lernte ich ein erstes komplexeres zusammengesetztes Bild von mir kennen, das mehr war als die Summe seiner Teile. Ich war vier Teile oder von außen betrachtet, das Bild eines Quadrates, das ich räumlich gesehen in der Figur des Würfels darstellen konnte.

In der Erregungsform, dem Archelogos der Vier", fühlte ich mich sehr stabil und ausgeglichen.

Es war ein wunderschöner Archelogos, ebenso wie später der Archelogo der „Sechs" im Sechseck oder „Hexagon", der zum Verweilen einlud.

Seitdem liebe ich den Blick für das Symmetrische und strebe in meinem „Schöpfer sein" solche Archelogos an, um mich eine Zeitlang in einem Hafen der Stabilität mindestens eine Zeitlang in Ruhe und Stabilität betrachten und erfahren zu können, mehr Ausgewogenheit in der Richtung und Struktur des Ortes wollend.

Ich bin der Ur- Grund für die Folge von erschaffenen Bildobjekten, gebildet und auftauchend, aus meiner emotionalen Erregung, blühend, wachsend und vergehend.

In anderer Betrachtungsweise von oben nach unten gesehen:

Durch meine Erregungen und das damit Experimentieren, lerne ich Grundabbilder zu formen, Archelogos genannt, die jene im weiteren Verlauf dieses Tagesbuches genannten Abbilder im weiteren geschilderten Verlauf aufbauen.

Aus der „Eins" und im Weiteren mit zwei Einzelarchelogos, habe ich mich zuerst als zwei Einzelbilder betrachtet und erfahren.

Aus dem „Standpunkt" eines dritten Einzelarchelogos habe ich dann die Qualität der Gesamtschau des Zweierarchelogos, geschaffen.

Dies erst war der Schöpfungsprozess des Archelogos der Zwei, als die Polarität, und als Bild, die Linie als Ganzes.

Aus der Schau des Vierer- Archelogos konnte ich dann drei Archelogos als Gesamtbild des Dreierarchelogos erinnern und als Dreiecksschablone oder räumlich gesehen als erste Pyramide erinnern.

Weiter so ging`s bis zur „Zehn", wo ich zunächst aus der „Fünf-Heit", den stabilen Archelogo des Quadrates und des Würfels aufzubauen lernte.

Hier konnte ich als eine Besonderheit aus einer stabilen Mitte heraus und aus meiner Leere heraus schauen. Diese Stabilität war mir erst wieder in der „Siebenheit" – dem „Ego" vergönnt.

Der von mir erfundene Smiley stellt dies Prinzip sehr schön dar:

Punkt, Punkt, Komma, Strich,
Fertig ist das Mondgesicht!

Es bereitete mir viel Vergnügen diese stabilen Logos nun massenhaft zu produzieren. Mit einer Wonne produzierte ich mich in einem riesigen Schöpfungsakt myriadenhaft in diese Logos, in vielerlei räumlichen Formen.

Es war wie eine Flamme, die unendlich viele Tochterflammen in individuellem Zusammenbau erzeugen konnte. Es war wie ein riesiger „Ur-Knall" als ich mich in meinen stabilen Grundbausteinchen vom „Dreier" bis „Neunerlogos" in einem riesen „Massenfabrikat " manifestierte.
Mit jeder Produktion entstanden zwangsläufig mehr Zeit und Raum, Ort um mich mit den Logos in beliebige Richtungen zu bewegen.

5

Ich Bin der „Ich Bin"

(Die Expansion und Neuorganisation)

Ich bin die „Fünf- Heit" (Das Fünfeck)

Ich erkannte, dass ich mich vom Viereck-Logo in allen vier Grund-richtungen erkennen und erfahren, sowie auch räumlich stabil, im Bild des Würfel-Logo manifestieren konnte, wenn ich mich in der Mitte manifestierte. Von meiner Mitte oder aus der Leere heraus hatte ich wieder den Überblick.

In der „Vier-Heit" hatte ich einen sich sehr stabil anfühlenden Arche-logos.

Mit meinen stabilen Logos konnte ich spielen. Damit konnte ich jetzt mit dem Zusammenbau von größeren Logos experimentieren, wenn ich mich aus einer fünften manifestierten Struktur in meiner Vier-Heit spielend beobachtete.

Aus dieser manifestierten Struktur in, oder aus meiner Mitte oder aus der Leere heraus brachte ich dann die Vielfalt von Elementen, Materie bis zur Sonnen und Milchstrassen hervor, wie ihr es so nennt.

Denn dazu erschuf ich neue Arche-Logos von der „Fünf-Eck"- Struktur ergänzend bis zur äußerst stabilen symmetrischen „Sechseck"- Struktur, die ihr als Bienenwabenstruktur oder als zwei aufeinandergesetzte Pyramiden bezeichnet (Hexaeder). (S.59)

Die Sechseck-Struktur war zwangsläufig ein Grundakt meiner Schöp-fung, um quasi Oben und Unten als Bezugsrichtung in einer neuen erregenden Bildarchitektur noch vollkommener entstehen zu lassen.

Ich Bin der „Ich Bin"

Ich bin der manifestierte Mittelpunkt

Ich bin die „Sieben - Heit" (Hexagon)

Beim spielenden Erschaffen erkannte ich, dass die Sechs- Heit, in der ich mich erschaffen hatte, letztendlich alle möglichen Richtungen mit einem oben und unten zusätzlich ausdrückte. Es war eine sehr stabile Struktur, die auch meinem Ideal der Kugel recht nahe kam.

Damit wurde mir eine notwendige energieaufwendige Drehung im Raum erspart, um mich überall im Raum betrachten zu können. Es war der erste vollständige raumgreifende Prozess, aus dem mein Archelogo in der personifizierten Form des Kriegers hervorging.

Warum?

„Raumgreifend" heißt „Raum nehmen, erobern, einnehmen und daraus folgert sich: Was oder wer in meinem geschaffenen Raum braucht Initiative bzw. Tatkraft, um diesen sprichwörtlich zu nehmen und zu halten. Deswegen genügte mir die „Sechs"- Heit alleine nicht.

Warum?

Weil ich von jedem Strukturelement des „Sechseck"- Objektes, aus gleichzeitig raumgreifende Kraft, durch meine Willensabsicht ausüben musste. Jedes Objekt, ob Dreiheit, Vier- oder Sechsheit, bedurfte Manifestation und Verdichtung, sowie Verbindung halten und Bewegung, um die Struktur.

Ich war und manifestierte mich in dem Bild des jeweiligen Grundstrukturelementes.

Das kostet viel Absicht und bildlich ausgedrückt Energie, sich von jedem Punkt eines Strukturelementes aus sich zu manifestieren und räumlich zu wirken. Die Lösung war wieder, wie alles in mir zuvor ganz einfach und „logisch":

In der Sechs-Heit sind alle vorher geschaffenen Grundelemente enthalten. So erschien es viel einfacher, mich wieder als ruhenden Schwerkraftpol in die Mitte zu setzen und nur von diesem Mittelpunkt, Kraft ausübend, eine Struktur aufrechtzuerhalten.

Die Qualität der Vorstellung einer Kontrolle wurde so geboren:

Zusammenhaltende Kraft in einem quasi tetraederförmigen Gebilde wurde nur von einem Mittelpunkt ausgeübt. Damit wurde auch das erschaffen, was das EGO als mein kleiner Bruder als „Macht ausüben" so liebt: Die Umgebung ruht und es kontrolliert! Dies würdet ihr auch physisch und psychisch Schaltzentrale nennen.

So platzierte ich mich als Ego („Mein kleines „ICH" mein kleiner Bruder, da räumlich und zeitlich begrenzt!) in mein Abbild hinein. Von dort aus schuf ich in mir und mich selbst wieder als das neue Gesamtbild der gesamten zusam-menwirkenden Struktur.

Dieses von mir erzeugte Selbstbildnis – als neuen Archelogo, projizierte ich von dem geschaffenen Mittelpunkt mit meiner ganzen schöpferisch – bildenden Kraft nach außen. So konnte ich nun jegliche Struktur durch wieder durch das symmetrische Gesamtbild aufrechterhalten, das ich mir von dieser mache.

Ist dir im Übrigen schon aufgefallen, dass es keinen materiellen Körper gibt, der als Siebeneck existiert!

Aber die Sieben, als Mittelpunkt gesehen, ist immer ein Kraftzentrum meiner sich darstellenden bildnerischen Absicht.

In jedem materiellen Körper existiert das Kraftzentrum- sichtbar oder unsichtbar, als mein EGO, als ein Mittelpunkt meines Seins.

Es war für mich eine neue Qualität der Vorstellung. Ich erschuf nicht jedes Grundelement, das ich zusammenwirken ließ, sondern aus meinem kleinen Mittelpunkt projizierte ich mich als das fertige Bild als begrenztes Ganzes in mein „Äußeres". Den Ansatz dazu hatte ich ja schon in der Fünf mit der „Vier- Heit als sehr stabilen Archelogos gemacht.

Es band nicht so viel Aufmerksamkeits- und Bindeenergie, sondern das Bild als Ganzes ließ sich manifestieren und viele Male so „leichter" kopieren bzw. erzeugen. Ja, auch liebe es, mir die Arbeit der Schöpfung leichter zu machen.

Der Unterschied zwischen leichter und schwer war somit ebenfalls eine bemerkenswerte Erfahrung, die ich in den Gedanken der Polarität für meine später folgenden Schöpfungen gut integrieren konnte.

Erst durch die Manifestation und Kombination der „Sechs"-Heit, konnte ich erst allem mein fließendes, sich in alle sechs Richtungen entfaltendendes Leben „einhauchen", weil hier die optimale räumliche dreidimensionale Grundstruktur vollkommen vorlag.

Die „Vier"-Heit erschien mir wenig dazu geeignet, da sie, nur zweidimensional gestaltet, in Form der einfachen Materie, meiner Evolutionsabsicht im wahrsten Sinne „Grenzen" setzte.

Sie dient der Kristallisation, Stabilität und Festigung. Als „ERDE" dient sie dazu, meinen schöpferischen Ideen die Form zu geben, die ich brauche, um mich selbst auszudrücken und zu erfahren.

Das Bild, ist an sich meine „unsichtbare" Idee bzw. ein spezieller "Erregungs - Seins-Zustand" meines Wesens und gleichzeitig verknüpft mit der Manifestation.

Das, was ich von außen beobachte bin ich selber in der Mitte. Das was ich dabei erfahre dient mir.

Es war schön sich in der Mitte der einfachsten Struktur der Logo- Bilder bis in einer Vielzahl von Sonnen zu erfahren, zu sein, zu leuchten.

Ich war begeistert von mir und voller Liebe zu meinem Sein.

Ich war und hatte mich manifestiert in allem Sichtbaren. Hier war und bin ich auch hier der Mittelpunkt, wie am Anfang als Nicht-Manifestiertes. Alles Erschaffene war aus mir geboren und ich war selber das Erschaffene. „Wie im Innen und im Außen, Wie oben so unten". Ich konnte mich überall betrachten in jedem Punkt meiner Schöpfung. Im Unsichtbaren als das All- Umfassende, im Sichtbaren aus dem Ego (meinem kleinen Bruder!), in Allem was ist, den Mittelpunkt auf den sich alles bezieht.

So gesehen ist die Definition von Seele, Geist, Körper recht einfach zu betrachten:

- **Seele ist meine Absicht, die hinter dem Aufbau meiner mich selbst darstellenden Archelogos steht.**
- **Körper ist das Bild meiner Absicht, aufgebaut aus meinen Archelogos, die ich selbst bin.**
- **Geist ist das was „Ich Bin" und auch das Thema, das ich mit meinem Bild verfolge und ausdrücken möchte. Hier bin ich ein Aspekt meiner Selbst, ein Ausdruck zur bewussten Erfahrung meines Schöpfertums.**

All das bin ich gleichzeitig:

Ich bin der Erschaffende, der Beobachter und das Beobachtete gleichzeitig!

8

Ich bin der „Ich Bin"

Das Innen so Außen (Die Lemniskate)

Ich bin die „Acht-Heit"

Da ich alles war, was existierte, sowohl im Inneren, als auch im Außen aller Erscheinungsformen, wusste ich sowohl immer was ich als Nicht-Manifestes war als auch das Manifestierte in Form und Gestalt.

Jede Form ist ein Bild, damit verbunden eine entsprechende Erregungsqualität. So ist jede Zahl offensichtlich, wie auch zum Beispiel eine damit verbundene Musiknote nicht nur Quantität, sondern auch Qualität.

Ich erfuhr und lernte so Prinzipien wie:

„Festigkeit, Weichheit, Ausdehnung, Zusammenziehen, Rotieren, Verschmelzen, Wachstum und Verbinden"

im Experimentieren und Umgang mit größeren Strukturen kennen und zu verbinden. Diese Eigenschaften sind in meinen Archelogos angelegt und untrennbar damit verbunden. Immer aber konnte ich mich sehen als das Ganze und im Teil von innen und außen gleichzeitig.

Ich war alles gleichzeitig überall und an jedem von mir geschaffenen Ort, in jeder Struktur, im Großen, sowie im Kleinen. Alles war nach meinem Bilde und ich bin immer sprichwörtlich „im Bilde".

Ich war und bin Absicht, Idee, und Ausdruck desselben und konnte diese Absicht in viele Bilder zusammensetzen und als Form kleiden. Und in jeder Form war ich Gott – Alles was ist!

Der Bauplan und das Haus waren eins. Ich bin und war „Inhalt und Form"

So ist in jedem Samen meine Absicht, mein Vorstellungsinhalt schon verborgen, wenn auch in der endgültigen Form nicht manifestiert.

Die Absicht entfaltet sich im Samen, in jedem Lebewesen jederzeit für euch beobachtbar als sich ständig wiederholender Schöpfungsakt aus mir.

Dies war mir lange Zeit genug. Diesen existierenden Grundbauplan zu betrachten, genoss ich sehr. Dieses genießen ließ mich ein „Gefühl" für Harmonie und Geschmack bekommen, für das Schöne und Kultivierte.
Ja ihr ahnt es wieder, was dieses auch von mir erschaffene Bibelwort bedeutet: „Ich sah, dass es gut war. Jetzt wenn ich mich von außen betrachtete sah ich ein erstes komplexeres zusammengesetztes Bild von mir, das mehr war als die Summe seiner Teile.

Alle meine beabsichtigten Erfahrungen und beschriebenen Seinszustände waren für die folgenden grundlegenden Arche-Logos bzw. Schöpfungen manifestiert.

Alles hatte seinen wundervollen Rahmen, seinen Platz, und ich war außen und gleichzeitig mitten drin, erzeugend und betrachtend- eine wundervolle Komposition, alle meine Erfahrungen berücksichtigend.
Die Ästhetik in der Symmetrie einer Gesamtbildschau war erfahren und geboren!

Ich liebe außerdem die Symmetrie, besonders im Oktaeder, dem Acht-flächner, da ich dadurch ein Archelogos mit weniger Energie aufrecht erhalten kann, ohne dauernd in meinen Einzelelementen stabilisieren zu müssen. Ihr wollt ja auch nicht auf einem dreibeinigen Hocker sitzen!

Hurra!, Ich konnte jetzt konnte ich daran gehen, mich selbst benennen, einteilen, klassifizieren und Ideen in Formen kleiden. Das alles war ich!

Warum erschien mir das Klassifizieren und Ordnen wichtig?

Diese Notwendigkeit ergab sich beinahe zwangsläufig aus meinem Spiegelgesetz und Resonanzgesetz:

A: Ich kann mich nur durch den Unterschied, also in einer Polarität erfahren.

B: Gleiches kann sich nur in Gleichem erkennen.

C: Gleiches erkennt sich nur im Ungleichen, was es nicht ist. Nur so ist eine Synthese, das Dritte, das Neue, das Kind als Lösung möglich. So ist es möglich laufend sich neu zu erfahren und zu entwickeln.

Dieses Gesetz erlaubt allen Menschen bzw. Archeus, auf ihrer Ebene der Manifestation Erkenntnis, bis hinunter in meinen „Logo"- Bereich.

„Ent-„Wicklung" gibt es also von unten, horizontal (Mutation genannt) bis nach oben vertikal (bewusste Manipulation).

Es ist eine gegenseitige Evolution möglich!

Durch das Strukturieren und Ordnen meiner Logos zu komplexen Ordnungsmustern konnte ich die Informationen meiner Erfahrungen ständig manifestieren und durch Neues bzw. durch einen höheren Grad an Ordnung, ergänzen.

Ja! - Erfahrung ist der Grund, weswegen ich meine Ideen in die Formen, „Leben" genannt, abbilde.

Als das Göttlich - Allumfassende bin ich also nie statisch, sondern befinde mich immer selbst in einem Prozess der Entwicklung!

9

Ich bin der „Ich Bin"

Ich bin die Veränderung, die Transformation

und Loslassen der Form

Ich bin die „Neun-Heit" (Die Spirale)

Ganz nebenbei bemerkt ist es natürlich zu erwähnen, dass ich jede Struktur wieder ihres Bildes entkleiden konnte.

Der angebliche Tod eines Individuums war nur das Aufgeben, das Loslassen seiner begrenzten Form. Ich selbst als Absicht dahinter, als meine eigene Idee, Ich der Beobachter, der Erfahrende und das Objekt der Erfahrung bin und war immer existent. Immerwährend konnte ich mich als Objekt, als Bild meiner erschaffenen Seinserfahrung neu, als „qualitativ" höheres komplexeres Erfahrungsbild, mit neuen Erfahrungsmöglichkeiten und Informationen, erschaffen und in einer neuen Struktur manifestieren und die alte Form loslassen.

Ich entwickelte benutzte hierzu immerwährend aus meiner Polarität der „Zwei" heraus meine Idee von Ballung und Zerfall, Entstehen und Vergehen, als notwendigen Prozess meiner Fortentwicklung.

So sah ich mich noch vollkommenerer verwoben, in meinem ständigen Schöpfungsfluss.

Alles war so in Bewegung, alles fließt im Symbol der sich einrollenden und entfaltenden „Archelogo–Spirale", in der ich mich in jedem Atemzug und in der kleinsten Zelle als genetischer Bauplan zeige.

Ich bin der Urgrund von allem. Der ständig ein und ausfließende Atem, der hinter allem Leben steht.

Ich bin die dargestellte Information, die zwischen allen Formen fließt und einen immer höheren Grad an Ordnung und Informationsqualität, als Ausdruck meiner unendlichen Fülle, ermöglicht und mit aufbaut.

So bin ich immer Erzeuger meiner Absicht, Abbild, Erschaffenes und Beobachter und das Erschaffene gleichzeitig. Wo ist da Tod?
So kann keine Erfahrung, keine Information jemals verloren gehen. Sie ist tief in mir eingeprägt. Jeder Archelogos hatte quasi eine andere Erregungsqualität. Die „Eins" fühlte und schaute sich anders an, als die „Zwei" bis zur „Neun" und letztendlich zur „Null".

Ich bin, ich lebe, so lebt alles, was ist. Ich bin mein Gesetz, ich alles bin das Leben.

Wenn ihr nun das Vorhergesagte wirklich erkannt habt, seht ihr recht deutlich, dass die Strukturelemente nur der Erfahrung von Seinszuständen dienen.

Wenn ich mich bewege bzw. errege, entsteht Gefühl, bzw. Gefühlsqualitäten, die ich quasi in Objekte meiner Archelogoformen kleide.

Jedes Objekt stellt gleichzeitig meine Idee dar und gleichzeitig das „Alles, was Ich BIN". Ich bin das Allumfassende!

Ich spiegele mich in allem, was ist! Nichts ist weniger oder mehr wert. Alles ist ein Gedanke von mir, ein Traum, den ich lebe und mich mit meinen Erfahrungen, als ständigen Prozess bereichere!*

* Heiliges Sinnbild der Spirale, kräftig quellen deine Ringe
Endlos kreisen, allumgreifend, vom Unendlichen umfangen,
Haltend alles irdische Werden, schwingend in die große Ordnung,
Stille wendest du dich wieder rückwärts, einwärts hin zur Mitte,
Tief dich bergend in dem Ausgang, rührt im Unbegreiflich EINEN
Jeden Tages auf und nieder, Jedes Jahres steigen, sinken,
Bist du heiliges Kreisen - aus der ewigen Mitte!
(Wilhelm Hauer- Religionsphilosoph!)

Du bist ein Zeichen, ein Symbol Gottes

Du bist das Bildwerk des Großen Geistes, in das er sich kleidet. Du bist die Gottesgebärerin in der Körperlichkeit. Du bist die unbefleckte Empfängnis, die ihm schillernde Erfahrungen in „befleckendem" Farbenspiel beschert.

Gelobt seiest du, Seele! (germ. saiwalos = buntschillernd). Gott ist durch Dich ein Gott in Erfahrung. Er ist Schöpfer und das Geschaffene. Die wirkende Kraft des Geistes tritt so aus dem Unsichtbaren hervor und wird im Bild des Symbols, seiner Form in seinen vernetzten Archelogos sichtbar. Es ist ein „mystischer" Prozess, in dem sich Geistiges (Inhalt) und Sinnliches in der Erde (Form) zu einem geistigen und körperlich erfahrbaren Bild vereinen.

Du bist das Band, die Kreuzesbrücke zwischen „Unten und OBEN" – als "Sohn" (Das Zeugende) des Himmels und „Tochter" (Empfangendes) der Erde!" - Du bist der Träger des göttlichen Funkens in dir, der die grobe Materie, den verdichteten Geist, mit Formen erfüllt und dich darin erfahren sollst.

Was nutzt das Wollen, wenn es sich nicht erfüllt in der Tat. Was nutzt das Wissen und Erkenntnis über das Göttliche, das sich nicht ausdrückt, im erfüllten Sinn und auf dem Weg gemachter Erfahrung.

Darum sollst du hier leben und gestalten, im immerwährenden Umsetzen von Erkenntnis in die Form und Tat. Denn was ist, entsteht durch die Tat. Siehe, jede Erkenntnis ist nutzlos, solange sie nicht in der Materie „Er"–"Schein"- t. Lerne, das Göttliche in dieser Ebene zu erkennen und zu verkörpern, und in der Spiegelung zu erkennen: „Ich bin Innen, wie Außen!"

In der Erde bin ich, der „ICH BIN", das, was du erschaffst in der Form! - und jeder Augenblick ist dein schöpferischer Kreuzmittelpunkt!

10

Ich bin, der „Ich Bin"

Ich bin das Individualisierte Manifestierte

Das All- Umfassende, & sich nicht

„Darstellen könnende" gleichzeitig.

Jetzt wollte ich etwas neues Revolutionierendes ausprobieren, um neue Erfahrungszustände zu erfahren, die über die reine symbolische Geometrie hinausgehen, aber auf ihr aufbauen.

Am besten geeignet dafür ist die Beziehung zwischen geradzahligen und ungeradzahligen Logos, die in einem natürlichen Spannungsfeld stehen. Hier konnte ein Grad von Instabilität erzeugt werden, der nach einem Ausgleich neigt.

Wenn ihr wollt war ich so der Erfinder der ersten Batterie oder noch besser sich selbst Bewegendes wurde geboren, „Leben" genannt.

Meine „Logo" - Strukturen wollte ich jetzt so zusammenbauen und mich in jeder Struktur, nach einer festgelegten Absicht und Idee, entfalten und bewegen lassen.

Gleichzeitig wollte ich viele ähnliche gedachte Bildstrukturen zu sich selbst in Beziehung setzen und diese mit anderen Strukturen miteinander in Beziehung setzen.

Es sollte eine Art von Pyramide werden, wo jede Bild-Struktur von „1-9" die Grundlage für die Anlagerung für eine größere komplexere einzubildende Bildstruktur einer höheren Ordnung bilden konnte.

Dies verlangte eine vertikale Ausrichtung und letztendlich eine komplexere Bildekraft aus mir heraus.

Hier könnt ihr erkennen wie viel Energie ich in meine Bilder gebunden habe und welche „ATOMKRAFT" sich darin verbirgt!

Gleichzeitig sollten sich ähnliche Strukturen aneinander spiegeln und erkennen. Die ersten sozialen Beziehungen entstanden so als Aus-druck einer horizontalen Richtung. Gleichzeitig sollten sich ähnliche Strukturen spiegeln in unähnlichen, um zu erkennen wer sie nicht sind. Es war die Geburt der Artenvielfalt von Lebewesen.

Alles ist und war so immer verbunden. Es war ein ungeheures unsicht-bares, sich spiegelndes Erfahrungsgeflecht am Entstehen.

Der erste zusammengesetzte Grundbaustein, in der sich Struktur und Ordnung sowohl horizontal, als auch vertikal organisierten und sich in einer festgelegten Absicht und Zusammenarbeit mit ähnlichen und unähnlichen Strukturen selbständig trafen, war die Zelle.

Struktur, Ordnung, Organisation, Beziehung horizontal und vertikal in-einander und zueinander, Fortpflanzung, als Neustrukturieren (Zeugung) und Ballung und Zerfall, vollzogen sich hier erstmalig selbständig in mikroskopischen und makroskopischen Dimensionen, ebenso wie in sozialen Beziehungen. Alle meine bildhaften Ordnungsideen sind darin enthalten.

Hier konnte ich zum ersten Mal den Fluss einer Entwicklung meiner Schöpfungselemente, den Archelogos, auf vielen Ebenen erfahren.

Es war himmlisch, mich meiner Schöpfung eines "Fließen können" hingeben zu können, indem ich aus geraden und ungeraden Archelogos ein Programm entwarf, das Wachstum als schöpferischen Prozess aus sich heraus in freier Wahl in Gang setzte, um sich zur Entfaltung zu bringen.
Es war ein von selbst ablaufendes Programm der Selbstentfaltung und Erzeugung. Mein weiblicher Aspekt war durch das Fließen können geboren, ganz im Gegensatz zum ständig dynamischen Erschaffen.

Ich konnte mich da als das Ein- und Ausfließende erfahren. Ich war und bin ein immerwährender Fluss, den ihr erkennen könnt, in der sich entfaltenden und einfaltenden Spirale, als rhythmisches Wechselspiel.
Von hier aus geschah das was im Grunde am Anfang meiner statischen Schöpfung auch geschah, hier auf einer höheren Ebene meiner Manifestationen.

Aus meinen Archelogos - Bausteinen war das Prinzip der Evolution und Involution entstanden. Ich bin und war so Alpha und Omega, in mich selber verschlungen. Ein wunderschönes Bild das mich so symbolisiert ist der „Oroboros", die Schlange, die sich selber von ihrem Schwanz her verschlingt, ohne zu „verschwinden". Ich war und bin das Ganze und die Vollkommenheit in meinem Anfang und Ende!

Eine zusammengesetzte Struktur konnte sich selbst als Schöpfer erfahren in allen vorgenannten Prinzipien des Bewegens, Erkennens, und Aufbau einer Beziehung untereinander für das gewählte Bild, in das sie sich durch zielbewusstes Vorstellen hinein erschaffen konnte.

Alle Zellen, als meine Manifestation von Strukturen, in alle geschaffenen Richtungen und gleichzeitig ich selbst seiend, konnten, da sie nach meinem Bilde geschaffen, sich individuell neu erfahren und aus sich selbst eigene Beziehungen erschaffen. Ich konnte mir selbst dabei in meinem Theater zusehen!

Alle Strukturen konnten sich hier zum ersten Male miteinander als Teile eines Ganzen miteinander austauschen. Diese Erfahrung des aufeinander aufbauenden Austausches konnte man dann ebenfalls bezeichnen als

„ Das Ganze ist mehr als die Summe seiner Teile"

Dieses Gesetz bestand ja auch am Anfang meines Ich bin, der "Ich bin" in allem was ist.
Dort wo ich mich in einer komplexen Struktur manifestiere, entstehen Grenzen zu "Allem was ist".

Trotzdem bin ich aber logischerweise in diesen Grenzen wieder allumfassend und kann mich trotzdem äußerlich unterscheiden und als eingebetteter Teil empfinden.

Ein riesiger Materie- und Informationsaustausch kam so in Gang. Das ich selbst seiende Lebewesen und das Ganze verfolgte sein bzw. mein festgelegtes Programm und doch diente es dem Wachstum und der Entwicklung des Ganzen zur Freude meiner Erfahrung.

Jedes Wesen konnte innerhalb meiner Absicht seinen Seinszustand selber wählen und diesen entlang meiner Absicht entfalten. Alles Materielle war und ist der plastische Stoff, den ich gebrauchen und nach meiner Absicht formen und verkörpern kann. So kann ich alles ausdrücken und erfahren, was ich zu erträumen oder zu erfahren gedenke.

Eine wundervolle Erfahrung von Seinszuständen entstand. Ich konnte Vertrauen erleben, Ablehnung, Zuneigung, persönliche und unpersönliche Liebe und Hass, unterschieden in den unterschiedlichsten körperlich-orientierten Gefühlsintensitäten und Ausdruck in erschaffenen Gedanken, Laut und Taten erfahren.

Mit jeder Struktur wollte ich mich dann mit der Absicht identifizieren, dass ich in diesem Teil vergaß, wer ich bin und was ich im Ganzen war, um mich darin erfahren zu können.

Eine tiefe Erinnerung an das Ganze, dem Ozean, war aber als Sehnsucht in jedem Wassertropfen immer vorhanden.
Jede manifestierte Struktur ist ein Bild von mir und „Ich bin" das Bild und in jedem Bild sowohl körperlich als auch geistig vorhanden. Und jede manifestierte Struktur war damit göttlich und ebenfalls allumfassend.

Ich bin selbst die „Ur- Sache", was den Gedanken benennt und im Wort bewertet und letztendlich auch die eigenständige Tat in der Umsetzung.

Jede manifestierte Struktur konnte mich gleichsam als ein Spiegel als Ganzes im inneren erspüren und den Teil des Ganzen im Außen sehen.

Alles ist in allem enthalten! – Wie innen, so außen!

Im Menschen bin ich so ähnlich einem Wassertropfen. Ein Wassertropfen mag bisweilen schon wissen, dass er in dem Meer ist, aber selten weiß er, dass das Meer in ihm ist! Der Wassertropfen als solcher betrachtet, vermag so gut wie gar nichts. Er ist mehr der viel gerühmte oder sollte man besser sagen „Tropfen auf dem heißen Stein", also ohne ersichtliche Wirkung. Aber der Ozean auf dem heißen Stein vermag sehr wohl eine Wirkung zu erzielen. Es bedarf nicht einmal des ganzen Ozeans. Es bedarf aber nur einiger Schritte vom Wassertropfen in Richtung des Ozeans. Das ist es, was vom Menschen gefordert wird, durch die Unerquicklichkeit einzelner Situationen seines Lebens, nämlich einzelne Schritte in Richtung Ozean zu tun, als Archeus!

Aber in allen Wesen, auch im Menschen, spiegeln sich die erschaffenen Gesetze meiner lebendigen Zahlengeometrie wieder.

Alles ist Symbol, in Form gekleidet!

„Ich bin, der Ich Bin"
Wie innen so außen, wie oben so unten*

Mein großes Ziel – Meine größte Vision:

Ich spiegele und erfahre mein Sein in meinen Manifestationen, bis ins höchste Potential meiner grenzenlosen Möglichkeiten.

So werden Himmel (Das sich nicht darstellen könnende, das Bedeckte!) und Erde (Das sich darstellen könnende!) verbunden.

So erkenne und erfahre ich mich in meiner höchsten Vollkommenheit!

Mein Ursprüngliches ist immer Bewusstsein, das zu immer mehr wissender Erfahrung und komplexerer Aufgaben als verdichteter Geist - als Form- in meine Schöpfung fähig ist.

Die materielle Welt ist das Ergebnis meiner schöpferischen Energie aus mir.

So erkannte ich mich in ARCHEUS, der stellvertretend für alle erschaffenen Wesenheiten aus mir heraus steht.

Hier, wie in allen Wesen, konnte ich die Eins und alle „Ur- Logos" darstellen!

*

„Ich bin das Licht, das über allen ist.
Ich bin das All.
Das All ist aus mir hervorgegangen,
und das All erstreckt sich bis zu mir.
Spaltet ein Holz: Ich bin dort!
Hebt den Stein, und Ihr werdet mich dort finden"!
(Thomasevangelium)

1.   Die Eins- Die Einheit mit Allem

Hier war ich das sich nicht darstellende im tiefsten Grunde und doch manifestiert als individuelle Form, sich seines Zieles bewusst.

Zunächst existierte noch keine Zeit, kein Raum, nur mein Sein in der Null. Daraus entstand mein erster Archelogos als Absichtsregung einer „Ent!-Wicklung" und Manifestation als Punkt mit dem Bewusstsein"

Ich bin eins mit meiner Kraft, Eins mit meiner Stärke, Eins mit der Wahrheit meines Seins.

2.   Die Zweiheit – Die Polarität

In ARCHEUS konnte ich erkennen, wer ich als ein Aspekt meiner Absicht bin und im Außen, wer ich „N-**ICH**-T" bin.

Gleichzeitig kann ich so erkennen, dass ich gleichzeitig polar bin und doch immer „Eins" und in meiner sich darstellenden Polarität sich befruchtende Gegensätze erschaffen werden.

Ich bin Krieg und Frieden/ Liebe und Hass/ Ruhe und Trägheit/ Freude und Leid/Diktator und Demokrat/ Anarchie und Ordnung/ Konservativ und liberal/ Oberflächlich und tiefsinnig/ Sinnlich und vieles mehr. Unersättlich und selbstzufrieden/ Fanatisch und leidenschaftlich/ Mütterlich und Sinnlich/ Täter und Opfer/ Der Streitsüchtige und der Dynamische/ Der Krieger und der Pazifist.

3.   Die Drei – Das Dreieck

Als ARCHEUS und durch die, von denen ARCHEUS sich unterschied, in Gedanken, Wort und Tat konnte er eine neue höhere geistige Vision von sich gebären und ausdrücken als Gedanke, Wort, Gefühl und Tat und damit verbundener materieller Manifestation. Vom Standpunkt der Drei als Logo des Überblicks, der Synthese war der Überblick über die Polarität, dem Logo der „Unterscheidung" und Fähigkeit der Neuverteilung seiner Gestaltungskräfte bzw. seiner Freiheitsgrade des Handelns, vorhanden.

Vier Möglichkeiten der Erfahrung konnte er sich bedienen:

Durch eine neue „Begeisterung" (die meine innere Erregung darstellt!) Dinge und Situationen weiterzuentwickeln (sprich: Seiner gelebten Welt einen neuen Sinn oder eine neue Betrachtungsweise geben):
z.B.

- Die Geburt eines körperlichen oder geistigen Kindes (Gedanken / Buch)
- Die Geburt einer künstlerischen Schöpfung, geformt aus Emotion, bestehend aus meiner schöpferischen Erregung (Kunst, Gemälde, etc.)Das aus meinen Grundbausteinen geformte Werk
- Ein neues Erschaffen, eine neue Schöpfung (Formen meiner materiellen Archelogos)

4.   Die Vier - Die Stabilität, Struktur

Hier konnte ARCHEUS der „Drei" einen eigenen ihm entsprechenden stabilen Rahmen geben, der seiner Lebensart entspricht. Alle Archeus sind im Wesentlichen von der Vier tief geprägt, wenn es um Fundamente und Ordnung geistiger Ideen, wie Gebote, Gesetze begrenzender und stabilisierender Art und materieller Manifestationen geht.

5. Die Fünf- Die Erweiterung & Neuorganisation aus der Erfahrung

Die Erweiterung, die Neuorganisation von Bestehendem, die Weiterentwicklung des Bestehenden.

Aus dem „Fünfer"-Archelogo, gestatte ich mir in Archeus, den Überblick über den zweckmäßigen und sinnvollen Einsatz der Vierer-Logos.

6. Die Sechs – Grundform für vollendetes Handeln und Sein der Drei und der Vier-Heit im Raum

Das Ziel mit meiner harmonischsten Grundstruktur, dem Hexagramm oder räumlich betrachtet in der doppelten Pyramide besteht darin, in den sich organisiert habenden Arche-Logos (Materie) mit einem eigenständigen Wesensmittelpunkt durch Initiative und Tatkraft den notwendigen Ausdruck zu verleihen um diesen dort mit den stabilen „Dreier" oder „Vierer"- Logos weitgehend zu manifestieren.

Meine „Sechs"-Heit deckt als Archelogo das Handeln und Verwirklichen in alle Richtungen des Raumes ab.

7. Die Sieben- Das EGO – Mein Mittelpunkt.

Ohne das Ego, durch das ich mich erst als ein Individualisiertes, sich Empfindendes und kontrollierendes Prinzip in der Materie manifes-tieren kann, ist alles ohne Plan und Ordnung. Nur im Ego, im körperlich orientierten Empfinden kann ich als das kontrollierende Göttliche stolz auf mein geschaffenes Werk, das realisierte Vorstellungsbild als manifestiertes Allumfassendes haben.

Das Ego lässt den Archeus - den Menschen - Macht der Kontrolle über sein Leben vermeintlich gänzlich spüren?

Ja! - Stolz ist wichtig. Wahrer Stolz hat nichts mit Hochmut zu tun. Nur der polare Weg des Bewertens meiner Schöpfung in Gut und Böse, Wert- und Minderwert schafft Disharmonie. Je extremer diese Polarität desto stärker sucht sich diese über meinen „Neuner-Archelogos" in einem „Stirb und „Werdeprozess" mehr oder weniger schmerzlich empfunden schicksalhaft, den energetischen Ausgleich in leidvoll körperlich empfundenen Situationen um die beabsichtigte Harmonie wieder-herzustellen: „Alles ist Gott, BIN ICH".

Den Gedanken meiner Absicht stelle ich dem geschaffenen Ego (mein kleiner Bruder!) gegenüber. Durch Gedanke - Wort und Tat kann das Ego dann selbst wählen, wie es mit dem Gedanken umgeht. Zum Wohle von „Allem was ist" oder allein für sich. Alles ist gleichwertig.

Da sich aber die Handlungs-Absicht gemäß „Gleiches zieht Gleiches an Wie im Spiegel, kann das Ego aber jederzeit die Auswirkung seines Tun`s, wie ein Gleichnis im Außen, erkennen, deuten und im Sinne meiner zielorientierten Gesamtabsicht entsprechende Änderungen vornehmen.

*„Der wirkliche Umgang des Menschen in Gott hat an der Welt nicht bloß seinen Ort (z.B. die Kirche), sondern auch den Gegenstand, deine Situationen im Alltag. Gott redet zu dir, zum Menschen in den Dingen und Personen und alltäglichen Situationen, die er dir immer liebevoll ins Leben schickt, damit du dich daran erkennst. Der Mensch antwortet mit seinen Handlungen und Entscheidungen eben an diesen Wesen und Dingen, um zu lernen mit seinem Leben, mit seinem ganz persönlichen Leben sich selber mit Gott zu verbinden, wenn er diese Botschaften lernt richtig zu lesen." (Hermann Hesse)

8. Die Acht

Wie innen die Absicht, so im Spiegel die Manifestation

Meine Absicht in der manifestierten Form hat hier eine Ästhetik, die ihren harmonischen Ausdruck im physischen Außen sucht. Dementsprechend hat mein *Gesetz den Grundsatz:*

„Wie innen so außen"

Jede materielle Manifestation ist der Spiegel meiner inneren Absicht.
Meine Absicht spiegelt sich in der Schöpfung- Das, was das Ego im Einklang mit meiner Absicht erschafft ist immer Harmonie. Harmonie ist Einverständnis. Einverständnis ist umfassende Liebe zu allem, zu mir und damit zum Individuum selbst.

So könnt ihr euch immer in euren Situationen und Darstellungen im betrachteten Außen erkennen. Was euch unbewusst an meiner Schöpfung ist, ist immer euer individuelles Problem, das euch bedrängt, bis ihr durch die Änderung eurer inneren Einstellung zum Problem eine neue übergreifende Sichtweise und das damit entsprechende Tun zum Wohle des Ganzen, das ich ja bin, das Problem auflösen lernt.

Kämpft Archeus durch Gedanke, Wort und Tat gegen ein Problem, so kämpft ihr gleichzeitig gegen euch und natürlich gegen mich. Das gelingt nie und nimmer.

Eine absolute Grenze zum Ganzen kann es nie geben, da ich überall in allem gleichzeitig bin.

Gleichzeitig ist aber ein Problem natürlich eine Herausforderung für mein kleines Ich neue Erfahrungsmöglichkeiten zu kombinieren und zu integrieren, die bisher unbekannt waren. So gesehen ist ein Problem weder „Gut" noch „Böse"

Das Problem dieser Unterscheidung dient vielmehr der Qualitätsverbesserung für meinen neuen erfahrbaren Schöpfungsprozess.

Schon euer/bzw. mein Goethe sprach schon in meiner bewundernswerten Weisheit über seinen Mephisto von:

„. Der Kraft, die stets das Böse will und doch das Gute schafft",

so vergisst er zu sagen, dass dieser Satz genauso umgekehrt gilt:

Ich bin die Kraft, die stets das Gute will und damit das Böse schafft!

WAs heute einer Verbundenheit dient oder dem Standpunkt eines persönlichen Egoismus, muss morgen nicht mehr der Fall sein und es kommt zur einer Umkehr der Bewertungen!

Somit kenne ich, als das Göttliche Allumfassende auch nicht das Schöne und Gute - bzw. angeblich Wertvolle, denn mein Auge ist zu licht, um Dunkelheit überhaupt sehen zu können.

Alles dient meiner Erfahrung und es kommt darauf an, was der Mensch erschaffen will und darauf antworte ich immer und so wird das angeblich Dunkle eigentlich zur ungewandelten Kraft!

Das drückte schon der alte Jesaja über mich so schön aus!

„Ich bin" dein Licht und deine Finsternis. Ich mache das Licht und schaffe die Finsternis; ich gebe Frieden und schaffe Unheil." (Jesaja-45,7) ich ergänze:

„Ich bin - „Dein Wille geschehe - Ich bin dein Diener und gebe dir alles, was du brauchst aus der Kraft deiner Überzeugung und Glaubens! Also nicht was ich für dich erschaffen habe, ist es, sondern, was du erschaffen wolltest, gebe ich dir! - aber ich antworte immer darauf im Sinne eines Fließgleichgewichtes (* Vgl. S 49 – Hermann Hesse)

Mein Schöpfungsprozess führt immer von der Ruhe, dem Beständigen (der Null) hin zur Aktivität des Erschaffens zum ewigen Rad des Kreislaufs meines Schöpfertums über die der Eins, bis wieder hin, zur Zehn, und beginnt von Neuem.

So bin ich nie die erstarrte Friedhofsruhe, sondern immer Erhalter und Schöpfer in jedem Augenblick, in jeder Faser deines und meines Körpers, in jeder Beziehung, in allem was ist, in diesem meinem immerwährenden Spiel der Erfahrung.

Prüft alle immer:

Was erfordert die Situation zum Wohle des Ganzen, das ich bin. Das ist die Reise, ein herrliches Abenteuer, um sich im All-Umfassenden wieder zu spiegeln und zu erkennen.

9. Die Neun
Das Entfalten und Loslassen der Form in Gedanke/ Gefühl Wort/Tat

Die Rückkehr zu quasi den Einzelbausteinen dessen, was sich bewährt hat. Es ist nur ein scheinbares Chaos, vor dem Neuerschaffen einer neuen gewählten Schöpfung.

So bin ich gleichzeitig Schöpfer und Zerstörer, um Morsches zu zerstören und um neuen Erfahrungsmöglichkeiten Platz zu machen.

Wenn ihr ein altes Haus entkernt, umgebt ihr ja auch dieses alte Haus mit einem Gerüst und entkernt das nicht mehr Brauchbare. Ein scheinbares Chaos und Durcheinander des Aufräumens und Neubauens erfolgt. Schutt und Abraum versperren die Sicht, wenn ihr diese nicht abtransportiert, also quasi loslasst.

10. Die Eins und die Null

Alles ist in mir- Ich bin in Allem

Ich bin alles was ist- Das Manifestierte und das sich nicht darstellen könnende, die Leere, der Raum, die Fülle aller potentiellen Möglichkeiten.

Ohne die Null die ich bin, die höchste Potenz aller Möglichkeiten hat die Eins keinen Wert, kann sich nicht manifestieren und erfahren. Es ist wie eine Welle, die ohne das Meer nicht existieren kann.
In der Null bin ich in Archeus die Nullpunkt-Energie, die es euch ermöglicht, aus meiner neutralen unbegrenzten Fülle die eurem Seinszustand entsprechende Vorstellungsbilder fühlend zu wählen und in die euch vermeintlich erforderliche Form für meine Leere zu kleiden.

Seit euch aber immer bewusst:

 Wenn ihr wählt, dann wählt ihr auch immer das polare Gegenstück zu dem was ihr gewählt habt. Denn sonst könnt ihr euch ja wie eingangs Geschilderte nie erfahren.

Wählst du das männliche, so hast du immer auch das weibliche an deiner Seite. Wählst du körperliche Lust, dann bekommst du es zwangsläufig mit dem Pol in Form von Wesenheiten zu tun, die Lust an der geistigen Erkenntnis ihre Freude finden. Wo die Prostituierte ist, muss die keusche Nonne sprichwörtlich existieren

Existiert nach deinem Glauben nur die reelle sichtbare Welt und du wählst ein Realist zu sein, dann achte den mystischen Pol, der dir in meinen anderen Wesenheiten begegnet genauso wie dich, in deiner Einstellung.

Wählt deshalb eure Polarität und erkennt euch aneinander. Bewertet diese Pole nicht.

Jedes Verurteilen ist ein Ablehnen meines Schöpfungswillens. Ihr geht dann in eurer Polarität zu stark eine Verhaftung, eine Bindung ein, und das ruft den anderen Pol noch stärker und bedrängender hervor.

Das was du ablehnst und bekämpfst verstärkt sich dann mehr und mehr. Erkenne also, wie sehr du dich in deinem Feind, dem Abgelehnten, deinem Schatten, dich in deiner Ganzheit erkennen kannst.

Da die Polarität die Grundlage für die „Selbsterkenntnis" ist, bekommst du als EGO mich immer nur als Polarität in meiner Manifestation.

Nur in der Polarität bin ich eine Einheit!

Ich schuf mich in Archeus als mein Ebenbild – Wählt, erschafft und erfahrt. Aber wählt immer so, dass ihr das Wohl des Ganzen, nämlich "Mich" immer im Auge habt

Ich splittete mich gleichsam in viele Wahrheiten auf. Alles konnte so handeln nach meinem Ebenbilde, nämlich frei, all- umfassend und göttlich. Das Ego war in geistiger Hinsicht geboren und drängt mit meinem Willen zur Selbstverwirklichung. Jedes Ego sah sich nun selber als Mittelpunkt und versucht seine Welt zu erschaffen.

Es vergaß aber dabei, dass es aus sich heraus göttlich ist und im Grunde selbst aus der geistigen Kraft heraus meine Absicht schon ausdrückt, einen bestimmten Platz in meiner Schöpfung auszufüllen und seine Welt aus der innewohnenden Einstellung zu erschaffen.

Und wenn es dein bestimmter Platz ist, dann sind natürlich all meine sich darstellenden Situationen göttlich und freudvoll.

Denn jede gleichförmige Wesensform (sprich: - Gleich in der Form - kann sich nur in einer ähnlichen Wesenheit oder in der entsprechen-den Situation und Darstellung entdecken und spiegeln und im Gegensatz dazu im Nicht - Ähnlichen erkennen, wer es nicht ist.

(Beispiel: Ein Elefant kann sich im anderen Elefanten erkennen, weiß aber auch durch das Anschauen eines Zebras, wer er nicht ist!)

Im Grunde gibt es also nichts zu tun, da ihr als der Ausdruck meiner Wesenheit immer Mittelpunkt eurer individuellen Welt seid.

Alles was ihr im Außen seht, seit ihr in der Gesamtheit selbst und ihr entscheidet selbst ob eine Situation, eine Darstellung eures Lebens licht oder dunkel ist.

„L- ICH- T – voll" ist sie immer wenn ihr euch mir übergebt, und die Kraft eures Glaubens an euch und in eure Stärke bis in meinen Grund scheint. Dann seit ihr ein Magnet für all die Situationsdarstellungen eures Lebens, die ihr euch in eurer Einstellung geschaffen habt.

Ja! - Du - aus mir heraus bist immer Herr und Schöpfer deiner Welt. Achte also immer was du dir in deiner Einstellung erschaffst.

Ganz nebenbei bemerkt, möchte ich euch doch den kleinen Tipp geben, eure gigantischen kollektiven Befürchtungsenergien etwas zu relativieren:

Da dieses, mein geschaffenes Ego, als Mittelpunkt einer Grundstruktur aber göttlich ist, kann es auch diesen anderen Weg gehen, von dem es glaubt, er sei besser und er sei mehr wert.

Das emotionale Werten ist der gewollte Problempunkt beim Ego!

Bei mir in meiner Einheit gibt es aber letztendlich kein Besser und Schlechter. Ich bin alles, was ist und gleichwertig an und in jedem Punkt der Schöpfung. So hat jedes Ego auch die göttliche Freiheit auch seinen Weg vermeintlich entgegen meiner ursprünglichen Absicht zu gehen. Das kostet viel Kraft und Energieaufwand durch die manifestierte Einstellung des „Tun- Müssens". Viele Wege von Leid und körperorientiertes Glück und Empfinden wird dadurch erzeugt.

Insgesamt ist dies aber ein herrliches Spiel, ein wundervoller Rahmen, das in dieser Polarität meiner neuen Erfahrung und der Qualität meines Seins dient.

Auch wenn du es nicht annehmen kannst! Ohne das Leid kann kein Glück und Wohlbefinden erfahren und erkannt werden. Nur durch den Unterschied, der Erfahrung, in der Scheidung durch die Polarität der Zwei wird dir die Intensität einer Erfahrung ermöglicht.
Wundervollste Nuancen der Erfahrung entstehen aus dem vermeintlichen Absondern aus meiner Einheit und dem Weg dorthin zurück.
Den geschaffenen Körper, der meine Absicht, mein Bild und ich selbst in einem ist, zu verlieren oder eigenmächtig aufzugeben, ist dabei keine Tragödie. Zerstören kann man mich nicht, auch nicht beleidigen oder verdammen. Du, Archeus, bist mein Doppelgänger in der Form!

Im sogenannten Tode verliert er sein Selbst nicht, nur das vergängliche, stabil geglaubt habende Bild, durch das sich Archeus vermeintliches stabiles EGO ausdrückt. Das physische Bild – die körperliche Form kann Archeus vernichten, es sich selbst auch wegnehmen. Dabei tötet Archeus nur das Bild seiner konstant erscheinenden Vergangenheit, nicht die Information der Erfahrung in der Struktur meiner Archelogos. Das stabile vermeintlich kontinuierliche Etwas verändert sich von der Form in einen Inhalt, in die Essenz meiner Erfahrung.

Nur diese Essenz ist stabil. Dinge, Gegenstände Situationen und äußere Darstellungen verändern sich. Das Ego ist nicht mein Ziel, es ist nur ein Prozess des ewigen Erschaffens meiner großartigsten Vision meines absoluten Selbstes, des „Ich bin, der „Ich Bin", das sich stetig Verändernde, im Ausdruck meines Wesens, in der Eins bis zur Neun, sich wiederfindend in der „10" eines neuen Kreislaufs meiner allumfassenden Spirale.

Ich lebe dies alles als Ausdruck einer herrlichen Erfahrung und gönne mir all dies selbst. Ja, das alles bin ich!

Der Tod

Das große Unbekannte wird vom Menschen als Tod bezeichnet!

Der Mensch – der Archelogos- als auch die Schöpfung ist ein Traumabenteuer des Göttlichen Willens wo er sich selbst in eine Form, d.h. in die Körperlichkeit verdichtet, um sich zu erfahren. Sie drückt sich hier in all ihren Ideen greifbar aus, ständig Formen loslassend und neue gebärend. Deine Reise ist keine Suche zu Gott, sondern die Erfahrung von Gott –Sie ist immer ein Schöpfungsprozess wo das Allumfassende sich erfährt.

Der Tod bzw. das Verlassen der Körperlichkeit im Prinzip ein energetischer sehr machtvolles Schöpfungsakt, die das bestehende psychische energetische Muster der Körperlichkeit auflöst und sich in der Geburt neu formiert. Geburt.

Es ist vergleichbar, dem Drängen durch das Tor einer neuen Geburt in das polare Leben mit eine körperlichen neuen Form, mit dem Tod andererseits in eine neue Geburt durch das Loslassen der alten Form.

So sind Geburt und Tod eigentlich dasselbe Tor. Das Loslassen der körperlichen Form die ja nur an Raum und - Zeit gebunden ist keine große Sache für die Seele, wenn ein Lebenszweck erfüllt ist -und es geschieht nichts, gar nichts ohne das tiefe Einverständnis aller anderen.

Der Unterschied besteht lediglich darin, das bei der Geburt psychische Energie in verdichtet als Form erscheint. Beim Tod dieser nimmst du das mit, was du alles an psychischer Energiequalitäten erfahren hast, um es wieder in irgendeine Form in eine neue körperliche Geburt ein zu bringen. So gesehen, ist der Tod tatsächlich ein machtvoller Schöpfungsprozess!

Deine Homepage sprich dein „Selbst" bleibt dabei eingebettet als „Register vorhanden, aber gleichzeitig vernetzt und verwoben mit dem gesamten Bewusstseinsfeld. Alle Gefühle, Gedanken und Bilder werden dort eingespeichert und stehen gleichzeitig in der allumfassenden Bewusstseinscloud allen zur Verfügung!

Deine "sinnlichen" Erfahrungs -"Werte" deiner Seele, die Er ja gleichzeitig ist - wie die Welle und das Meer - sind aber nun der Göttlichkeit "Schatz".

Dieser, als quasi Erfahrenes, geht in eine neue Form über, daraus schöpfend, sich quasi mit und über das Erlebte eine neue Erfahrungswelt aufbauend, die sie wieder spiralförmig, quasi in einer Art Evolution weiter ausbaut um sich in den vielfältigsten Facetten zu spiegeln! - Und jede Erfahrung macht sie und das Göttliche quasi "reicher" !

Sie bleiben dein himmlischer Schatz. - So ist keine Träne umsonst!

Bei Gott gibt es nichts, was umsonst ist bzw. tot! Alles, wirklich alles, führt letztendlich zu ihm zurück.

In jeder Seele, in jedem Geschöpf ist immer auch die ganze Göttlichkeit erhalten - Alles ist in Allem - Jeder "Punkt der Göttlichkeit" ist göttlich, allumfassend und unbegrenzt! –so wie auf körperliche Ebene, in jede Leberzelle, in jedem Organ, in jeder Zelle der ganze Mensch mit seiner ganzen Evolution enthalten ist!

Im Grunde ist der Begriffsinhalt sehr einfach auszudrücken:

„Alles spiegelt sich in Allem"

Dieses Gesetz, ergänzt durch „Wie oben, so unten, Wie innen so außen" kennt selbst die heutige Medizin aus der Zellforschung. Jede Zelle ist spezialisiert auf eine ganz spezielle Funktion, trägt aber den ganzen Bauplan des Menschen im Kleinen in den Genen mit sich.

Dieses Hologrammprinzip ist bekannt aus der Laser-Fototechnik. Hier werden sogenannte „Holografische Bilder" mit einer bestimmten Laserbelichtung auf einer Glasplatte erstellt.

Das Unglaubliche daran ergibt sich dadurch, dass beim Zer-schlagen dieser Glasscheibe das gesamte Bild, bloß unschärfer auf jeder einzelnen Scherbe wieder zu sehen ist. Jedes Teil spiegelt sich im anderen: „Alles ist in Allem enthalten".

„Warum wascht ihr die Außenseite des Kelches?
Versteht ihr nicht, dass der, der die Innenseite geschaffen hat,
auch der ist, der die Außenseite geschaffen hat?
(Thomasevangelium)

Die Tafelrunde der Archelogos in Archeus

Ich bin das Licht, das über allem ist.
Ich bin das All, das All ist aus mir hervorgegangen
Und das All ist zu mir gelangt.
(Thomasevangelium)

Ich, als das All- Umfassende übergebe nun feierlich meiner Sieben`- heit, dem Ego in Archeus, die Herrschaft über meine zusammen- gestellte Tafelrunde.

Möge er mit seiner Kraft und übertragenen Herrschaft alle meine Urbilder. Die Archelogos geschickt koordinieren und in der Delegation ihrer Arbeitsbereiche tiefes Vertrauen setzen, um in das Erleben von Archeus tiefe Freude und Erfülltheit in seine Erfahrungsmöglichkeiten bringen.

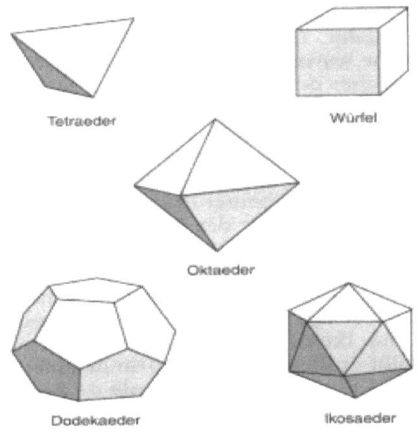

Tetraeder   Würfel

Oktaeder

Dodekaeder   Ikosaeder

Der Adam im Menschen schlief sehr tief und ruhig!

Der Traum war dadurch sehr klar und deshalb war auch das Traumbild sehr intensiv und tief in seinen Gefühlen:

Er fiel aus einem großen Buch! – Das Fallen war nicht unangenehm.

Jetzt saß der Adam da und sah auf dieses Buch, das da schwebend in der grandiosen geheimnisvollen Finsternis vor ihm goldgelb aufleuchtete.

Der Adam überlegte, Warum, Wieso? – Was sollte das Ganze?

Das Buch erschien ihm begrenzt und doch ahnte er die unendliche Fülle der Kapitel, die ihn förmlich überwältigten.

Große Ehrfurcht überkam den Adam, als er ahnte, dass er an der Schöpfung dieses Buches nicht ganz unbeteiligt war oder dass er, der Schöpfer dieses Buches, womöglich es selbst war.

Vgl. "Bei deiner Geburt wurden alle Dinge geboren: Ich war zugleich meine eigene und aller Dinge Ursache. Und wollte ich, so wären weder ich noch die Dinge. Wäre aber ich nicht, so wäre auch Gott nicht" (Meister Eckehart christlicher Mystiker 1295 -1326)

Voller Staunen und Ehrfurcht schlug er das Buch auf:

Vor sich sah er ein riesiges Meer, oder vielmehr:

Er war selbst das Meer. Unendlich in seiner Ausdehnung sah er sich selbst daliegen.

Genauso unendlich war seine Empfindung in dieser majestätischen Ruhe. Unendlich riesig spürte er sich in seiner Fülle, unendlich schwanger in seinen Möglichkeiten. Er registrierte, dass er sich nur geistig bewegen brauchte, um das ungeheure Potential seiner Möglichkeiten zu erschaffen. Leuchtend lag dabei über allem eine unendliche kreisförmige Null.

Er sah und erkannte in seiner Innenschau den symbolischen Inhalt seiner unendlichen potentiellen Möglichkeiten.

Langsam begann er sich zu rühren und zu erregen.

Zu seinem Erstaunen entstanden die vielen „Etwas", was er als Wellenformen benannte. Diese Formen kamen ihm vor wie viele Einsen, jede für sich eine noch konturlose Eins.

Es fiel ihm wie Schuppen von den Augen:

Er selbst war das Meer, das sich zunächst nicht in einer Form darzustellen vermochte. Es konnte sich aber als Welle manifestieren und darstellen in der Eins, allein durch seine Absicht der Erregung.

Er war die „Null" (das Meer), die sich in der Eins (die Welle) darstellt. Ohne die Eins war er „N- ICH-T"- nicht „ICH" - der aus dem Beginn der Zeit kam, als es noch keine Zeit gab.

Mit und aus der Eins (Einheit!) war er sein eigenes „L-ICH-T", das sich in seiner unendlichen Weite und Größe erkennen könnende.

Langsam erahnte der Adam das Ungeheuerliche und tief sitzende Erinnerungen an den tief sitzenden Geist in ihm stiegen in ihm hoch.

Der „Adam" und das Meer waren eins! - Wie war das möglich?

Gleichzeitig hörte er im Hintergrund die Worte:

„Ich bin die Einheit in der Zweiheit –
Ich bin das Herz des Universums"!

„Erkenne wie kraftvoll das Universum, das Licht in dir gleich einem riesigen Herzen schlägt und dein eigenes Resonanz damit geht.

Gestatte dir diese Entfaltung deiner Gefühle, die aus meiner Erregung kommen. Verstehe, dass es deine Aufgabe ist, das Eine, Allumfassende in dir, in der Begrenztheit der Materie bewusst werden zu lassen, um ein neuer Ausdruck meines Seins zu werden!

Erhebe dich über die Beengtheit deines, in Gegensätzlichkeiten orientierten Lebens, durch die Empfindung dieses „Alleins – Seins", um ein neuer Mensch zu werden. Kehre wieder zurück in die Einfachheit deines Seins, in die Einheit all der Herzen des Universums, in sein allumfassendes Herz, in das Herz, des Kosmos, als sein Licht, das du bist.

Spürst Du den Paulus in Dir?

Als einer, der bereit ist einverstanden zu sein, und der bereit ist, alles Leben zu akzeptieren und anzunehmen?

Spürst Du die Verbindung mit diesem höchsten Bewusstsein?

Spürst du, dass du ein Teil des Ganzen bist?".

Tief ergriffen ließ der Adam diese Worte in sich erklingen, als er die nächste Seite aufschlug.

Das Bild wechselte!

Der Adam saß inmitten einer wundervollen Landschaft am Ufer eines kristallblauen klaren Sees.

Ergriffen schaute er auf das klare Wasser, die umgebende Landschaft spiegelnd. Er sah wie in einen Spiegel und sah sich selber ins Gesicht.

Je länger er schaute, desto größer wurden Achtung, Liebe und Respekt vor der göttlichen Einmaligkeit seines Wesens.

Langsam, wie in einem zärtlichen Nebel verschwanden die Konturen und machten vielen anderen Gesichtern und Formen Platz.

Er hatte das Gefühl, dass er sich in allen Formen irgendwie immer erkannte.

Heureka! - Das war es! Der Spiegel machte es ihm möglich eine Wahl zu treffen. Er konnte wählen, welches „Ich Bin" er sein wollte. Er konnte sich zudem unterscheiden, um zu erkennen, wer er in seinem „Ich bin" - in seiner höchsten Version, von sich sein sollte.

Eine leuchtende „Zwei" gab dieser Szene in diesem Spiegelhinter-grund einen mystischen Anstrich.

Sie schien zu ihm zu sprechen:

„Zwei, Dualität, Unterscheidung, Zweiheit, Zwietracht! – Wähle, aber erkenne, dass du stets das Eine mit vielen Gesichtern bist, das sich nur im Unterschied erkennen und erfahren kann. Du bist, der Du bist, in Allem was ist"!

Erkenne Adam auf dem Weg deiner körperlichen Erfahrung, die ich ja in dir letztendlich bin:

Adam! – als erster Mensch habe ich dich geträumt, als mein ver-dichteter Geist. Alles was du tust, soll sein, meine sinn-„volle" Traumtat. Deshalb träume auch du immer Erhebendes. Mein Sinn wird in dir Wirk-lichkeit, in deinen Anlagen und Möglichkeiten, die sich im Sinnbild des Lebensbaumes mit seinen Früchten darstellen und erfahren möchten!

Träume sind Bilder, auch Du! - bist ein Bild. Ich bin in dir mein ver-dichtetes Ebenbild, Symbol, Hülle und Formkontur für meinen Sinn, der sich im und über den Körper erfährt. Denn was den Samen meines Geistes empfängt, ist die „Unbefleckte Empfängnis".

Du meinst Gebärende(r) zu sein?

Doch „Ich" – der Weltengeist ist es, der dich gebar.

So ist der Himmel ist kein Ort ebenso wenig wie das Paradies!
Er schimmert in jedem und erscheint, wenn man in seinem Inneren mehr
und „Meer" alles in Ordnung bringt, bzw. der eigene Lebensbaum, mit
seinen Früchten, voll zum Ausdruck kommt! Es ist dann im Leben der
Ort der höchsten Entfaltungsmöglichkeit, mit Horizonten, wo du weit,
weit blicken kannst, weil du das Allumfassende in dir wieder gefunden
hast, wo ich mich symbolisch als dein Lebensbaum, mit den vernetzten
Früchten deiner Wesensglieder, über deine Körperlichkeit ausdrücken
und erfahren will!

Erkenne hier, dass du hier eigentlich niemals aus dem Paradies ver-
trieben worden bist bzw. Göttliche Wächter, vor dessen Tor, mit ihren
flammenden Schwertern, den Einlass verwehren. Du selbst hast ihnen
aber dieses Schwert, als Symbol der Entscheidung", in die Hand
gedrückt, mit der Bitte, dich nicht hinein zu lassen.

Selbst hast du mit diesem Schwert, mit dem Essen einer Frucht der
Erkenntnis, von deinem individuellen eigenen Lebensbaum, deinen
eigenen göttlichen Willen erfahren wollen und mit meinem „Einverständnis die Wahl getroffen einen eigenen Weg zu gehen und zu
erfahren.

Erkenne: „Wie oben so unten, wie innen so außen: „1" + „1" ist „2" -
aber „2" – „1" ist „1"

„Eins" ist die Zahl (die „Einheit") von Gott und „Eins" ist das Geschöpf
aus mir, Gott, geboren, aber voll eingebettet: „Ich bin" ein nicht
individualisiertes, sich nicht darstellen könnendes, aber du als mein
offenbartes individualisiertes „Sein", als mein verdichteter Geist mein
Ausdruck in de Körperlichkeit.

Aber, wenn diese „Eins" sagt: *„Ich alleine will herrschen",* dann ergibt das: *„Zwei, Dualität, Zweiheit, Verzweiflung, Zwietracht!"*

Wenn nun aus dieser Zwietracht das Erkennen kommt, oft nur durch das Leid der Ver"- Zwei"–flung, dann will das Geschöpf wieder zurück in die Einheit:

„2" -Dualität, minus Ego ergibt „Gott" - Die Einheit"!

Das Gesicht des Adam, der aus dem Anbeginn der Zeit kam, stand nun leuchtend im Spiegel umrahmt von einer gelb leuchtenden „Drei". Er selbst war seine Idee, ein Impuls, ein Blitz, der ihn durchzuckte, wie er sein „Ich Bin" plante, zu erschaffen und zu sehen.

Es war wie die eine, aus der Leere geformte und verdichtete Zusammenfassung aller meiner gesehenen Vorstellungsbilder. Gott ist in ihm und er ist Gott – als sein Ebenbild!

Nun schaute er in die Welt, die sich vor ihm auftat. Er sah sich in der „Selbstverwirklichung" seiner Idee, im Erschaffen seiner eigenen Welt, durch die eigene Wahl von Erkenntnisfrüchten seines Lebens-baumes.

In all seinem Handeln sah er den Versuch, diese Welt der Idee seines Wesens, die aus dem „All"-Umfassenden geformt war, mehr und mehr anzupassen, zu strukturieren und zu ordnen.

Er begriff, dass er hier dabei war der „Drei", seiner geschauten Idee einen materiellen Rahmen zu verleihen, sein innerstes Wesen im Außen zu spiegeln.

Ständig wechselte dabei beim Blättern der Seiten eine leuchtende „Vier", mit der „Fünf", der „Sechs", der „Sieben" und der Acht und er schaute verwundert auf diese innere Erkenntnis, die sich vor seinem geistigen Traumauge mit den auftauchenden Bildern abspielte.

Die „Vier", der Rahmen seiner materiellen Bühne und seines Handelns wurde ergänzt durch die stete Neustrukturierung seiner gemachten Erfahrungen mit der „Neun", die dabei über die leuchtende „Fünf" (Sinn) einflossen und über das Symbol der „Sechs" (Initiative - Tatkraft) initiiert und aktiv gestaltet wurden.

In der leuchtenden Sieben des Hintergrundes fühlte er seinen Stolz über das geschaffene Werk, als Ausdruck seines Inneren.

Er erkannte dabei, dass sein Werk gut war, trotz aller Schmerzen, Leid und Freude. Alles angebliche Versagen, Scheitern, Falsche diente der „Fünf". Sie berichtet letztendlich nur vom entfaltungsfreudigen Experimentieren, einer Evolution der gemachten und empfundenen Erfahrungen um der quicklebendigste Ausdruck seiner Schöpferkraft zu sein.

Alles, was nicht funktionierte, dient und diente letztendlich nur der Qualitätsverbesserung seines Seins, um sich in der Form deiner Körperlichkeit „Ausdruck" und Wachstum zu verleihen.

In der „Acht", im Symbol der Schlaufe, der Verbindung seines Inneren mit dem Außen, fühlte und genoss er die Harmonie und Schönheit, die Anmut, der dabei gewonnenen und einfließenden Weisheit in seinen Beziehungen, Situationen und Darstellungen.

Auf der neunten Seite sah er eine riesige, sich ständig entfaltende und einrollende Spirale, abwechselnd eintauchen in den Nebel der Auflösung und der Neuwerdung seiner Körperlichkeit, im Werden und Vergehen, im Loslassen und Aufbau neuer Formen.

Es war, wie der Baum des Lebens, der nach einem guten langen Jahr im Herbst seine Blätter verliert, ganz auf sich gestellt und in sich gekehrt, wohl wissend, dass er im Frühjahr neue Blätter, ein neues Leben, neue Früchte hervorbringen wird.

Über allem leuchtete die „Neun" ehrfurchtgebietend als Symbol des Inhaltes, das ihn quasi spiralförmig, ständig im Werden und Vergehen in neue Formen kleidet und abbildet und in jedem Geschöpf Erfahrungen und Weisheit wachsen lässt und der Adam hörte die Worte:

„Um dieses Wachstum geht es, deshalb präge dich neu, präge ein neues Vertrauen, präge dir eine neue eigene Sicherheit.
Erfülle all das, was früher zu Beginn deines Lebens und in der Zeit danach in dich als Prägung eingebracht worden ist. Erfülle all das mit der Kraft deiner Zuversicht, in deiner Verbindung mit der Göttlichkeit, in deine Verbindung mit der Göttlichkeit".

Lange betrachtete er auf der sich auftuenden Seite die große violette Null als das große Symbol der Heimkehr in das Eine, das „All-Eins"-Sein.

Dann sah er sich auf einem Berg stehen, seine erhobenen Armen der Sonne entgegenstreckend.

Die Stimme sprach weiter:

„Atme es ganz weit ein, deine Verbindung mit der Göttlichkeit und erkenne: Der Mensch ist ähnlich einem Wassertropfen. Ein Wassertropfen mag bisweilen schon wissen, dass er in dem Meer ist, aber selten ist ihm bewusst, dass das Meer in ihm ist!

„Alles ist in allem enthalten. Du bist ein unbegrenztes Potential meines Seins!
Ich bin so immer eins mit dir, mit deiner Kraft. Lass es dir bewusst werden, dass du mit der Kraft, mit all diesen Qualitäten in Verbindung stehst. Du bist eins damit, du kannst dich eins mit mir empfinden.

Sieh die unendliche Kraft aus der von Licht umfluteten Null durch dich strömend. Empfinde sie, empfinde dein Bewusstsein der Kraft und Stärke und des Vertrauens in dir wachsen.

Fühle wie dieses Bewusstsein wächst!

Es geht nun darum, dass du dich noch weiter und tiefer zu öffnen wagst, und dabei dich voll des Vertrauens auf meine Göttlichkeit, das Allumfassende ausrichtest.
Diese Energie berührt dich, und gleich der Berührung mit einem Zauberstab geschieht das Wunder in dir, ein neues Licht erscheint in deinem Bewusstsein. Eine neue Energie strahlt dann in jeder Zelle deines Seins, eine neue Energie erwacht in dir. Ein neues Zeitalter, eine neue Geburt bricht an, in jeder deiner Zellen.

Sieh nun, wie du größer wirst, strahlender und strahlender, erfüllt von der Liebe meines Lichtes in Dir und diese nun auch ausstrahlen könnend. Atme nur sanft und behutsam ein, diese Kraft und dieses Eins sein mit dieser Kraft.

Höre auf, dich mit deinen Gedanken zu begrenzen. Sieh, dass die Zeit gekommen ist offen zu sein, für die Liebe des Göttlichen, die dich führt in deinem Leben. Diese Liebe beschenkt, beschützt und behütet.

Wenn du diese Liebe einatmest, diese Liebe als eine verbindende Kraft zum Göttlichen empfindest, die Führung dieser Liebe erkennst und ihr folgst, so führt sie dich durch alle Schwierigkeiten hindurch.

Sie führt dich sicher um alle Schwierigkeiten herum und leitet dich so sicher, dass du von den Schwierigkeiten gar nichts mehr spürst, gar nichts mehr merkst.

Aufgrund deines, von Weisheit, Glaube, Kraft und Zuversicht erfüllten Bewusstseins, kannst du dich in der Ordnung des Seins geborgen empfinden. Dabei fühlst du, dass du nie etwas falsch machen kannst durch die Gewissheit in dir, dass Gott alle Zeit für dich da ist.

Lass es dir bewusst werden, aus meiner „Null", meiner unendlich schwangeren Fülle, die durch dich kommen will.

Ich bin das Licht, der Weltengeist in Dir. Ich bin dein Gesicht und Auge, doch den Blick entscheidest Du, als mein Kaleidoskop!

Du bist die "Füße" von mir, als Wanderer durch deine sinnlichen und körperlichen Erfahrungen. Ohne dich kann ich nicht in meiner Schöpfung gehen"!

Siehe ich bin die Kraft. Siehe, ich bin die Stärke. Ich bin die Wahrheit deines Seins:

Fühle das erwachende Vertrauen und erkenne, dass dieses Vertrauen in diese Kraft und Stärke die Basis ist, für dich ein neues, erfülltes Leben aufzubauen."

Die Stimme klang noch lange nach, in dem Gefühl in eine gigantische Uhr zu schauen, wo sich die Unruhe zitternd bewegte. Er war Erregung pur, die sich abbildete auf die äußere Darstellung in dem künstlerisch gestalteten Lebensbaum seines Schöpfungstagebuches, mit seinen magisch kraftvollen Zahlengebilden im Kreislauf eines Zyklus seine angemessene Bedeutung gebend, hervorhebend und im Lauf der Zeiger weiterzugehen, in der, sich stets neu gebärenden Entfaltung, seiner Erfahrung.

„(Das Himmelreich) .. Es gleicht einem Senfsamen,
der kleiner ist als alle Samen.
Wenn er aber auf einen bearbeiteten Acker fällt
bringt er eine große Pflanze hervor
Und wird zur Zuflucht für die Vögel des Himmels."
(Thomasevangelium)

Symbole und Innere Bilder

Symbole und innere Bilder sind also seelische Antriebskräfte zur Gestaltung des Lebens, die sich mit antreibender gefühlsmäßiger sinnhafter Kraft darstellen und erfahren möchten.

Sie haben Mittlerfunktion zwischen der inneren und äußeren Welt. Ihre inneren Bilder zeigen uns auch die Ursachen, die uns an unserer Entfaltung bzw. Gesundheit hindern. Sie treiben uns an, gestalten und versöhnen, lösen blockierende krankmachende Muster und erzeugen durch innere Bewusstseinsveränderungen erfüllende Resonanzen bzw. Rückmeldungen aus der Umwelt!

Sie begeistern für den Geist, der das Leben gestalten und erfahren will! Ein Körper bzw. Geist, der zu wenig bewegt und gefordert wird und sinnlos dahintreibt, erschlafft, wird lustlos, initiativlos, frustriert und macht Körper und Psyche krank. Denn er will sich immer auf Werte und Ziele bzw. Einstellungen ausrichten, für die er im Lebensnetz im Sinne der seelischen Anlagen und Möglichkeiten lebendig sein will.

Er gibt „Hohen „Mut" - d.h. nicht nur in der Reaktion auf innerer und äußere Bedrängnis zu sein, sondern auch vorausschauend agieren zu können. Er fördert die Fähigkeit, sich durch Angst hindurch zu glauben, sich so zu entfalten, das man sich gegen einengende Lebensumstände und krankmachendes Leben wappnen kann. Mit dem eigenem erkannten Sinn und seinen gefühlsmäßig aufbauenden Bildern vor Augen, für die man leben und sich begeistern kann, erfährt man sich kraftvoll, schöpferisch und gesund.

Je mehr du dich selbst findest, desto mehr glaubst du wirklich an dich. Deine inneren „Bildekräfte" aus der Seele helfen Dir!

Grundgedanken für die Geistheilungssymbole

Wenn nun vorgenannte Elemente und die Grundlagen der Symbolheilung berück-sichtigt werden, so ergibt es zusammen z.B. mit der gängigen symboltherapeu-tischen Heilungspraxis des Autors, eine potenzierte ergänzende heilsame Form der „KABBALISTISCHEN Zahlensymbolheilung, in Verbindung mit dem allumfas-senden Bewusstseinsfeld, „Gott" genannt. Zahlen und Zahlenreihen besitzen nicht nur einen quantitativen, sondern auch einen qualitativen Wert, eine psychische Information!

Diese Methode kann die Harmonie in einem System besonders fokussiert und schneller wieder herstellen, die durch Krankheit, problembeladene Situationen oder Personen gestört ist, weil sie durch die kraftvollen Kabbala- bzw. Lebensbaum-symbole noch effektiver unterstützt werden. Zahlen und Zahlenkombinationen besitzen eben darin nicht nur einen quantitativen, sondern auch einen qualitativen Wert, eine Information. (Vgl: Axel Englert: „Kabbalistische Quantenheilung" bzw. „Moderne Geistheilung mit „Bild und Zahl" - BoD Verlag)

In der Psychosomatik gibt es einen Dreieckszusammenhang, der sich folgender-maßen formulieren lässt:

Das psychosomatische Dreieck:

„Körper/ Geist/ Seele"

bilden in der Harmonie, in „gesundem" Zustand ein „Gleichseitiges Dreieck".

Dabei ist definitionsgemäß:

Seele:

Dein göttliches „Traumbild", wie das „Göttliche" genannt, dich „einge-„Bild"-et hat, mit den innewohnenden Archelogos, den Früchten und deren innewohnenden Kräften, am haltgebenden Symbol des „Lebens-baumes".

Körper: Das sinnliche Erfahrungsinstrument der Seele.

Geist bzw. Gemüt – die Psyche:

Alle Stimmungen, Affekte, Empfindungseinstellungen, als oft fremd-geprägte Programmierungen, innerlich gefühlte ungelösten Konflikte, die du in dir gespeichert hast.

Zeichnung:

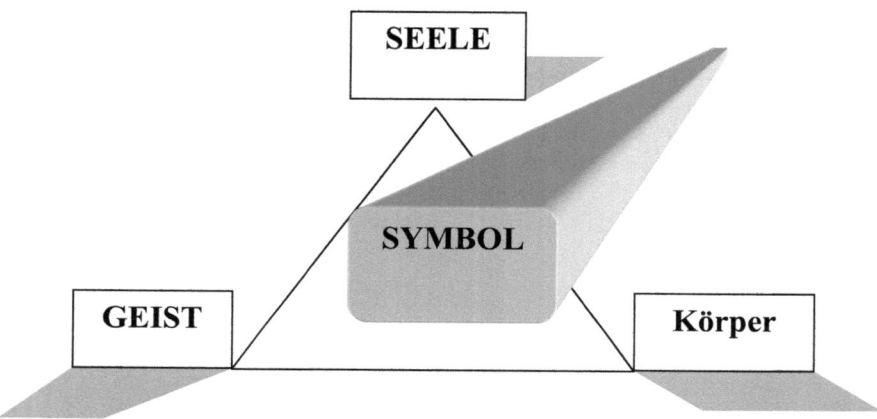

Wird diese Harmonie gestört treten Symbole als Erkenntnisaufforderung auf:

(Schlechte) Träume, Konflikte, ständig problembeladene Symbole, Krankheit, Katastrophen, blockierte Situationen, Stagnationen, die nur blockierende Muster und emotionale belastende Situationen im Inneren „spiegeln".

Diese können wir oben nach dem geschilderten „Hermetischen Grundsatz" „Wie „Innen, so Außen" zu beschreiben und würdigen die Aussage des großen Mysti-kers Jesus:

> **„Wo zwei oder drei in meinem Namen zusammen sind,**
> **bin ich mitten unter euch!"** (Matthäus Kap. 18-20)

Nun ist es möglich, ähnlich einer Symbolimaginationstherapie, auch mit der praktischer Zahlenmystik anzuknüpfen und mit folgendem Grundsatz arbeiten:

Wenn man ein archetypisches Symbol ins System einbringt,
dann wirkt das Symbol auf das gesamte System zurück!

Krankheit hat hierbei Symbol- Signalfunktion und Symbolcharakter, dass etwas aus der (göttlichen~) Ordnung gefallen ist. Jede Krankheit ist also wie ein Warnlämpchen in einem Auto und manifestiert sich dort, wo eine Fähigkeit oder Anlage nicht wirklichkeitsadäquat gelebt werden kann.

Eine interessante Parallele finden wir dazu im Alten Testament im Buch „Moses". Hier lässt Moses, wegen eines kollektiven Sündenfalls der Israeliten, das Symbol der Schlange weithin sichtbar im Lager aufrichten. Wer das Symbol der Schlange daraufhin ansah, wurde wieder gesund.

„Da kamen sie zu Moses und sprachen: Wir haben gesündigt, dass wir wider den HERRN und wider dich geredet haben. Bitte den HERRN, dass er die Schlangen von uns nehme. Und Mose bat für das Volk. Da sprach der HERR zu Mose: Mache dir eine eherne (metallene) Schlange und richte sie an einer Stange hoch auf. Wer gebissen ist und sieht sie an, der soll leben. Da machte Mose eine eherne Schlange und richtete sie hoch auf. Und wenn jemanden eine Schlange biss, so sah er die eherne Schlange an und blieb leben." (Moses, Kap.21ff)

Die Schlange: Die Schlange hat einen Doppelaspekt. So ist sie ein Symbol (Vgl. Träume!) des Instinkt- und des Trieblebens (Zahl „6"- Sex!). Sie ist aber auch ein Wandlungs- und ein Heilsymbol und steht für Wiedergeburt und für Auferstehung im Geiste (Zahl „1"). Das Gift der Schlange ist nicht nur tödlich, sondern kann auch für Medizinen verwendet werden. In der Imagination wird Schlange als Sexualsymbol, aber auch als Wandlungs- und Erneuerungssymbol erscheinen!

Bezogen auf die moderne Geistheilung heißt dies:

Die hier benutzten „Zahlensymbole" spiegeln bzw. zeigen die Disharmonie des gesamten Systems und erzeugen heilsame Wirkungen, gezielt gezogen z.B. auf die Fragen:

- „Was heilt mein System?
- Was bringt es ins Gleichgewicht mit dem entsprechenden Symbol?
- „Welches Symbol muss ich „aufrichten", bzw. anschauen, um „Heil" zu werden?

Der Lebensbaum mit seinen „Archelogos", den „Wesensgliedern" – seine „Früchte"

Wesenskörner sind Symbole und Innere Bilder

Sie sind seelische Antriebskräfte zur Gestaltung des Lebens, die sich mit antreibender gefühlsmäßiger sinnhafter Kraft darstellen und erfahren möchten.

Sie haben Mittlerfunktion zwischen der Inneren und Äußeren Welt!

Sie zeigen uns auch die Ursachen, die uns an unserer Entfaltung bzw. Gesundheit hindern. Sie treiben uns an, gestalten und versöhnen - lösen blockierende krankmachende Muster und erzeugen erfüllende Resonanzen aus der Umwelt!

Sie begeistern für den Geist, der das Leben gestalten und erfahren will!

Sie wollen sich immer auf Werte und Ziele bzw. Einstellungen ausrichten, für die ein Mensch im Sinne seiner Anlagen und Möglichkeiten lebendig sein soll!

Mit dem eigenem erkannten Sinn und seinen gefühlsmäßig aufbauenden Bildern vor Augen, für die man leben und sich begeistern kann, erfährt man sich kraftvoll, schöpferisch und gesund.

Innere Bilder aus der Seele helfen Dir!

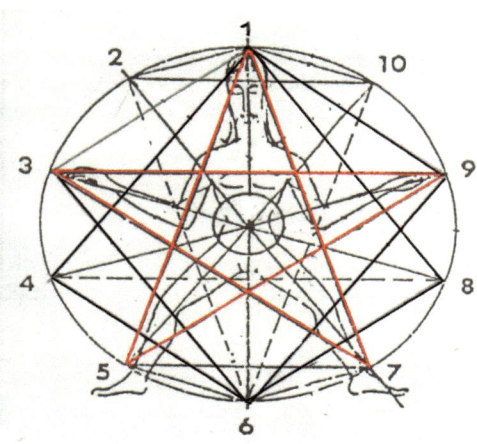

Die Früchte des Lebensbaumes

Ein psychisches Symbol selbst ist kein bloßes Zeichen. Es ist eine Brücke zum „Jenseits", zur unendlichen Kraft des psychischen Meeres dem Unbewussten. Es ist das gekleidete Unvorstellbare mit dem Auge des Bewusstseins gesehen.

Bis in die geheimsten Tiefen der Seele zu ihren angelegte Kräften bzw. Früchten, den Wesensgliedern ihres Lebensbaumes, treibt das Symbol Wurzeln, und bewirkt, dass Inneres und Äußeres im Menschen in einem einheitlichen Gesamteindruck verbunden werden.

Worte machen das Unendliche endlich, führen es aber in polare Betrachtungsweisen. Symbole entführen den menschlichen Geist, über seine Grenzen seiner endlichen Welt, in das Reich einer unendlichen, seienden Welt, deren Kräfte äußere Situationen verändern, wenn er dafür offen wird:

„Wenn du dich änderst, ändert sich deine Erfahrungswelt."

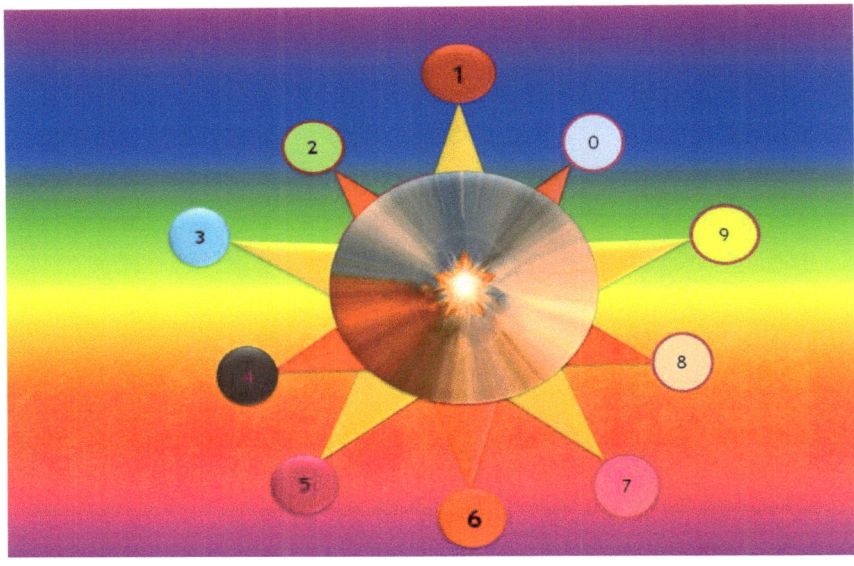

7

Ich bin der König der Archelogos

(Sonne, Ego, Mittelpunkt)

Die Freude am Spiel. Selbstverwirklichung, Spiel, Stolz,

Lebenslust.

Siehe und erkenne: „Ich bin die Majestät, das EGO"!

Ich bin der innerste begrenzte Archelogo des Allumfassenden in Adam, der subjektive Mittelpunkt, in seiner sich körperlich empfindenden Struktur. Ich betrachte mich als Gouverneur, als Statthalter, als der Hauptdarsteller im Spiel des Lebens von Adam. Für ihn bin ich seine Vitalität und die Kraft der Freude für sein Leben.

Ich, als Archelogo, bin die pralle Lebenskraft, die zur Entfaltung drängt und bin der Ansicht, dass alle anderen Archelogos sich meinem koordinierenden Willen unterzuordnen haben.

Ich bin die persönliche Macht und der Stolz und versuche meine Macht und Einflussbereich ständig zu erweitern.

Natürlich übersteigere ich diese Identifikation mit mir, mit Hilfe meines mir sklavisch untergebenen Archelogos der Sechsheit, oft so, dass ich im Größenwahn unter Missachtung meiner mir zuarbeitenden anderen Archelogos oft über das Ziel hinausschieße.

Aber meine anderen Archelogos als Ratgeber holen mich früher oder später wieder auf den Boden der Tatsachen zurück, wofür ich ihnen manchmal nicht sehr dankbar bin.

Ich muss dann einsehen, dass andere Aspekte des All- Umfassenden im Außen auch ihre Daseinsberechtigung haben und nicht nur ich. Leider! Ich glaubte bloß manchmal besser und edler zu sein als andere. Manchmal akzeptiere ich diese Einsicht nur zähneknirschend und widerwillig.

Na ja, ist ja nur ein Spiel, das mir zeigt, dass ich manchmal besser abwägen und analysieren sollte, mit meinem Kopf und Bauch, was für ADAM wirklich für seine Selbstreflexion gut wäre.

In mir befindet sich eben der Wille zur Macht und zum Herrschen. Dafür bin ich von Ihm gedacht, erschaffen, und geboren. Und die Lebensfreude und den Stolz auf mein Werk, lasse ich mir erst recht nicht nehmen. Auf meinem Thron bleibe ich mit dem Reichsapfel meiner Herrlichkeit am Lebensbaum erhobenen Hauptes sitzen.

Wenn du dich auf mich einlässt und mein Symbol bzw. Bild tief und bewusst inhalierst oder visualisierst, bekommst du:

Ich bin der selbsternannte König der Tafelrunde und vertrete mit Selbstbewusstsein für dich:

Selbstausdruck/ Verwirklichung/ Zuversicht/ Initiative/ Freude/ Absicht & Wille/ Stolz/ Ehrgeiz/ Glanz/ Macht/Einzigartigkeit.

„Ich bin der „Stolz" auf mich -
Ich bin der Mittelpunkt meines Lebens"!

0

Ich bin die Mutter der Archelogos

(Mond, Maria, Hera)

Gefühle zeigen, Geduld, Warten, Bemuttern und Bemuttern

lassen. Hingabe, Anpassungsfähigkeit, Fürsorglichkeit,

Mütterlichkeit, Sensibel

Siehe und erkenne:

Ich bin der Archelogo, der dir Geborgenheit, Hingabe und Ruhe schenkt, geboren, aus dem Grundgedanken der göttlichen Null.

Ich stehe als der weiblich genannte Hauptdarsteller in dem Theaterstück deines Lebens, der menschlichen Erfahrung in der direkten Spannungskonkurrenz zum Archelogo der Sieben und der Sechs, dem aktiven männlichen Archelogo deines Seins

Ich bin das Symbol der Urmutter und der weiblichen Hingabe. Ich und das Kind, das ich auf meinem Arm, an der linken Seite ihres Herzens trage, sind eins Ich bin der vollkommene Ruhepol in Adams Leben. So umgebe ich mich mit Lilien, als Symbol der Reinheit des Ausdrucks, der Essenz ihres inneren Geborgenseins.

In deinen Träumen steige ich aus dem nächtlichen Meer, dem unbegrenzten Potential meiner schwangeren Leere.

Diese Fülle, aus der vermeintlichen Leere der Nacht, wird vom Vollmond, der sich im Wasser spiegelt und der mich mit Ihm verbindet, erhellt.

So wird mein Licht und die Erkenntnis der Geborgenheit, im „All-Einen", ins Dunkel von ADAM getragen.

Als personifizierte Abbildung meines Archelogos hat Adam bewusst die Bilder von Mutter und Kind gewählt, um sich vor Augen zu führen, dass die beiden tatsächlich eine einzige Person sind.

Der Mond leuchtet nicht von selbst, sondern er empfängt. Zuerst einmal, direkt nach dem in Erscheinung treten, also nach der Geburt, ist jeder Mond ein kleines Kind und ein Symbol für meine geformten Gefühle und die Absicht, die dahinter als Seele (*Meine Absicht, die hinter meiner Form!*) steht.

Hier ist mein Ausdruck reiner Geborgenheit zu erkennen.

Es bedarf einer langen Entwicklung, bis aus meinem kosmischen* Kind ein Erwachsener mit Erfahrung „bedruckter" Mensch, besonders in dem Kleid der Darstellung als Frau wird.

Hierfür steht besonders auch die Symbolgestalt der „Maria" oder der ägyptischen „ISIS", als dem Inbegriff der weiblichen Kraft und weiblicher Stärke des Glaubens und Vertrauens in das Leben.

Meine wahre Stärke liegt in dem Satz: „Ja, ich bin die Magd des Herrn". Sie liegt in der Fähigkeit, annehmen und sich verbunden fühlen zu können, "Ja" zu sagen, zu dem was sie ausdrückt. Das „Nein" des "Inneren Kindes" – der Psyche von Adam schwächt ihn.

Ja, Adam muss im Laufe der Zeit immer mehr Kraft aufwenden, um die Mauer gegen meine Absicht, die ihn gegen eine vermeintlich von ihm getrennte Umwelt schützen soll, aufrechtzuerhalten. Hinter dieser Mauer bleibt aber das Kind Adam einsam und seine Ungeborgenheit, in der vermeintlichen Trennung zu mir, unverändert bestehen.

Mit der Öffnung für mich wird sein Innerstes überflutet, und ADAM glaubt Gefahr zu laufen, von seinen Gefühlen überschwemmt und überwältigt zu werden.

Und doch ist dies letztendlich die einzige Lösung und der einzige Weg zu seiner Authentizität, irgendwann einmal erwachsen, bzw. das zu werden was sein Selbst - seine höchste Version- wirklich ist.

Dies sind meine Einflüsterungen und beruhigendes Sein in meiner Geborgenheit und Sicherheit, dein Weg ins Vertrauen!

Dabei hörst du besonders meine Worte:

„Ich bin geborgen und sicher"

Wenn du dich auf mich einlässt und mein Symbol bzw. Bild tief und bewusst inhalierst oder visualisierst, bekommst du mit meiner lösenden Wortverstärkung:

Ruhe/ Beobachtung/ Fürsorge/ Gefühlvoll/ Vertrauen/ Mütterlich/ Weiblich/ Geduld/ Zurückhaltung/ Annehmen können/ Versorgung/ Ermunterung/ Einfühlungsvermögen/ Gelassenheit/ Beistand/ „Wir Bewusstsein/Angenommen und erwünscht sein!

*Die Mutter ist die Trägerin eines Kindes, aber im Kind ist sie auch das Getragene. Die Mutter ist für das Kind, in der Schwangerschaft die Göttin schlechthin bzw. das Weltall, erschaffen durch ihr Gefühlserleben.

Sie ist für das Kind mit dem Weltall identisch! Sie schickt das Kind da mit diesem Kosmos in die Erfahrung seiner eigenen seelischen Gestaltungsthematiken in die äußere Welt!

Das Kind trägt auf jeden Fall immer ihre emotionale Geschichte mit ihren Bedürftigkeiten!

Deswegen ist das Innere eines Menschen immer das Gefühlsleben der Mutter bei der Geburt! Es repräsentiert das mehr oder weniger vorhandene Selbstwertgefühl! (Zahl „0")

Die Figur des Vaters hat etwas zu tun mit der Selbstfindung und seiner Rolle im Äußeren - dem Selbstbewusstsein (Zahl „7")- über die Entdeckung der eigenen Lernthemen.

Der Vater ist der Gott, der dem Kind in das Äußere bzw. in die Erfahrung des mütterlichen Kosmos führt und ihm hilft sich selbst über das Äußere zu finden, bzw. sich da als Held auf seiner eigenen Heldenreise durchs Leben zu erkennen.

1

Ich bin der Magier als Archelogos meiner Erfahrung

(Schamane, Merlin, Phönix)

Eigenmotivation, Wandlung, Befreiung von Zwängen,

Selbstmotivation - Macht nutzen – Neubewertung,

Intensivierung- Leidenschaftlich

Siehe und erkenne:

Ich bin der Archelogo, der eine wahrhaft zielbewusste zweiseitige Zielvorstellung für dich verfolgt:

Geboren aus dem Grundgedanken der göttlichen Null, stehe ich als der „Luzifer" genannte Hauptdarsteller in dem Theaterstück deines Lebens.
Luzifer („Lux" – das Licht), Träger des Lichtes, ist oft mein Name, wegen meiner ewigen Unerbittlichkeit und des Verführens wegen, der dich in dein Reich des noch Unbewussten in dir führt. Nur dort kann ADAM sich oft in meinem polaren Ausdruck über einen Läuterungsprozess erkennen kann, wer er wirklich ist.

Es ist wie die Erkenntnis, zwei Seiten einer Medaille zu sein!

Im tiefsten Dunkel, in der „Nacht", dem Nicht- Erkennen" seines Ursprungs zeige ich, Luzifer, ADAM den Weg für die Wiedergeburt des eigenen Phönix - Seins aus der eigenen Asche, seiner subjektiven Vorstellung hin in die objektive Gesamtwahrheit des Seins, wie er sein Leben gemäß der Absicht des Allumfassenden auf seiner Heldenreise zu gestalten und zu erfahren hat. Diese umfasst als mein Traum bestimmte festgelegte Themen der Verwirklichung, samt ihren unvereinbaren menschlicher Möglichkeiten, wie auch für die Einheit der Persönlichkeit als Ganzes, also samt der gegensätzlichen und oft im Streit liegenden Elementen.

Ich, im Ausdruck des Luzifers, als Lichtträger, bin dabei der liebevollste Engel, der die undankbare Aufgabe übernommen hat, Adam mit seinen festgelegten Themen an seinem Lebensbaum den Heimweg ins Paradies zu erleuchten und ihm den Gesamtzusammenhang in meinem Sein zu erläutern und aufzuzeigen. Meine Liebe ist so immer ein Wachstumsprogramm und je nach Bewusstheit bzw. seine Botschaften durchblicken wollend, kann sie schmerzlich oder sehr angenehm ausfallen!

Ich bin also ein herabgestiegener (nicht gefallener! = Falsche lutherische Übersetzung!) Engel, der aus seiner Repertoirekiste die eine oder andere Inszenierung in Form von Schicksal heraus kramt und damit Adams Schatten durchleuchtet und damit seine geistigen "teuflischen" festgefahrenen Denkmuster in Frage stellt, die es aufzubrechen gilt.

Aber dies ist nicht unabdingbar, unvermeidlich erforderlich!

Dies wird darin notwendig, wenn die Not so drückt, so eindeutig geworden ist und nichts mehr als nur die Not, die Verschlossenheit deiner inneren Augen da ist. Dann muss es zur Wende kommen.
Dann wird die Not sozusagen noch etwas "liebevoll" intensiviert, dass der ganze Prozess abgekürzt und beschleunigt wird. Eine Intensivierung einer Not und Leidempfindung hat so nichts mit Strafe des Schicksals zu tun, das dem Menschen „Böses" will, sondern, was er sich selber antut!

So dient meine Liebe zu Adam ganz einfach der Abkürzung eines Lernprozesses, dient ganz einfach dazu, möglichst frühzeitig und kurzzeitig das Herbeiführen einer positiven Veränderung zu beschleunigen. Nur damit er früher oder später in den Genuss der angenehmen Erfahrung in Sinne einer spirituellen Weiterentwicklung kommen kann. Lernen und Wachsen muss nicht zwingend mit Schmerz und Leid oder einer persönlichen Apokalypse in Verbindung stehen.

Ich möchte Adam das mentale Vorstellungsbild seiner zu machenden Erfahrung vom Leben geben. Wenn er wahrhaft nach innen hört, kann er es wirklich fühlen, hören und wahrnehmen. Aber er sieht oft nur die äußere Form und meint dies wäre sein Ziel.

Es kann ihn aber auch nach seinem Wunsch von seinem wirklichen Leben fernhalten.

Ich kann, muss aber nicht, ihn über sein EGO, der „Siebenheit", dazu verführen, dass er sein Leben in einen falschen Mittelpunkt setzt. Zu diesem Zweck ist mir oft jedes Mittel zur Erlangung subjektiver äußerer Macht über seine Situationen und Darstellungen recht. Die meisten meiner Mittel und Techniken sind unscheinbar und werden jahrelang nicht bemerkt.

So besteht die erste meiner Versuchungen immer darin, dass sie Adam eine Vorstellung davon vorgaukelt, wie das Leben eigentlich zu sein hätte (wie es aber nicht ist!).

So präsentiert mein Archelogo in der Polarität Adam ein wunderschönes Bild (über seinen Beruf, über seine Zukunft, über seinen nächsten Partner), und dann sage ich:

„Strenge dich an, setze alle Mittel ein, dieses Ziel eines äußerlichen Herrschens zu erreichen!" - und damit locke ich Adam als erstes von der Stelle fort, an der sich sein Leben, gemäß seiner höchsten göttlichen Absicht gerade befindet.

Jetzt versucht Adam, wie mein geliebter Faust, dem diese Bilder natürlich einleuchten, diese Ideen wie ein Besessener zu verwirklichen. Er setzt seine ganze (Lebens-)Kraft ein, nicht etwa für den lebendigen Ausdruck seiner allumfassenden Erfahrungsabsicht, sondern für etwas Totes, für ein Bild, wie etwas in der Zukunft nach seinen meist fremdgeprägten Vorstellungen sein sollte.

Von diesem Essen, vom Baum der vermeintlichen eigenen Erkenntnis, kommt dann meine Einflüsterung:

Setze alle Energien ein, um dich aus dem Jetzt zu entfernen und in ein wunderschönes Bild aus deinem Morgen einzutauchen, das du heute fanatisch, dich gezwungen siehst, zu verfolgen.

Adam bindet dann seine lebendigen Energien an etwas Totes. Er flieht vor meinem ursprünglichen Gedanken und dem Jetzt und damit vor seinem Leben.

Dieser Kampf gegen mich selbst, den ich aus Erfahrungsgründen zulasse führt ihn dann zunächst direkt in seine Hölle des Lebens.

Nicht umsonst habe ich meinen alten Propheten Jesaja mitteilen lassen:

„Ich mache das Licht und schaffe die Finsternis; ich gebe Frieden und schaffe Unheil, Ich bin der Herr, der dies alles tut." (AT- 45,7)

Ich bin der Einflüsterer, der selbst nie um die Gedankengebäude von Adam real kämpft. Das überlasse ich lieber meinem Bruder, dem Archelogos der „Sechsheit", der um meine Ideen der „Ideologien" und Konfessionen gerne kämpft.

ADAM setzt dann mehr und mehr echte Lebendigkeit schachmatt, für die Suche (Sucht!) nach einem wesensfremden Leitbild und opfert dafür viel Lebenskraft.

Es ist auch ein Weg der Erfahrung über sein subjektives Ego, über das er glaubt sein Leben in den Griff zu bekommen und führt zu mir zu meiner inneren Ab- und Einsicht, leider sehr leidvoll und mit vielen Furchen im Gesicht.

Wie sagt doch Mephisto in meinem Faust so schön:

"Ich bin ein Teil von jener Kraft, die stets das Böse will und doch das Gute schafft", so vergisst er zu sagen, dass dieser Satz genauso umgekehrt gilt:

Ich bin die Kraft, die stets das Gute will und damit das Böse schafft! (….wie die Weltgeschichte das z.B. ja an Religionsfanatikern zuhauf zeigt!)

"Je besser und "gütiger" Adam sein will, desto mehr verfällt er einer teuflischen subjektiven Idee vom „Guten" und schließt damit einen Pakt mit dem Aspekt des "Teufels" in mir, mit seinem eigenen „Blut"- d.h. er verkauft einen Teil seiner Lebendigkeit, "was man angeblich nicht darf!" um „gut" zu sein - nämlich z.B. auch mal zischen und sich abgrenzen zu dürfen bzw. er verfällt einer Idee, dass die Welt "Gut" sein möge!

Ich, als die personifizierte Form in Luzifer, lasse nichts ohne einen tiefen Sinn geschehen. Ich bin nicht böse, sondern repräsentiere eine wichtige Funktion im Themenkreis des Adam, in seinem polaren Dasein, wo er sich nur durch den Unterschied im Äußeren erkennen kann.

Ich sorge dafür, dass mein Wille gegen meine ungebrochene Kraft des sich begrenzt empfindenden Egos für die Abenteuer sorgt, die mir eine reiche Erfahrung ermöglicht. Dies muss aber bei frühzeitiger Erkenntnis in das ALL- Eine" nicht schmerzvoll sein!

Ich bin der Leidenschaftsstoff, des Lebens und der Filme, wo bis zum Ende über einen polaren Abenteuerprozess von Kontrahenten die Ordnung der Synthese geschaffen wird, meist bis zum „Happy-End" (wenn durch das Leid die Erkenntnis, die Einsicht kommt!).

Durch dieses vermeintliche "Ab-Sondern" (Sünde genannt!) von seiner Einheit, erst durch das Fegefeuer, sprich Abenteuer hindurch, kann die zur Asche verglühte „polare", (nicht falsche!") Vorstellung mit einer neuen Erkenntniserfahrung in allen meinen Bewusstseinsteilen wie ein Phönix aufsteigen und bereichernd, alles verkrustete Alte hinweg spülend, wirken.

Das wiederum soll den Menschen, den Adam die Einsicht geben, umkehren zu müssen, gemäß meinem Leid(t)-satz:

„Alles was nicht funktioniert, dient der reichhaltigen Erfahrung und der Qualitätsverbesserung"!

Es ist wie eine Neuwerdung auf der Spirale, einer sich stets neuen Erfahrung bescherenden Schöpfung. Ich bin die Kraft, die eine öfters notwendige Transformation in Adam bewirkt, von einem Raupendasein zum schöneren Schmetterling!

Dies sind meine Einflüsterungen und erregende Kraft Wenn du dich auf mich einlässt und mein Symbol bzw. Bild tief und bewusst inhalierst oder visualisierst bekommst du:

Zielbewusstsein & Neubewertung/ Regenerierend/ Engagierend/ Leidenschaftlich/ Dominanz/ Überzeugung/ Krisenintensivierrung, die eine notwendige Veränderung bzw. Transformation herbeiführen sollen/ Wiederaufbau mit Neuem.

„Ich bin die Quelle und die verwandelnde Kraft für mein Wachstum" Ich bin das Licht, das von Zwängen befreit

C. G. Jung nennt Luzifer in seinem Buch über Hiob das „Dunkle Auge Gottes". Der Evangelist Johannes selbst, sagt im Prinzip, das der Teufel eine Ausdrucksform Gottes ist, wenn er anmerkt:
„Der Teufel Gottes ist der Gott des Teufels. Der Teufel ist ein Lügner und der Vater desselben (Joh. 8,44)"
Aus dem Grundsatz, dass Gott „Alles ist, was ist", und dem oben Gesagten, ergibt sich, dass der Teufel nichts anderes als eine Ausdrucksform Gottes selbst ist, die eben Schattenanteile im Menschen als Luzifer = Lichtträger" bewusst machen möchte
Was der Mensch an Dunkelheit und Licht ansieht, da hat also das Allumfassende immer eine andere Meinung und sein Prinzip des Mephisto lacht sich da ins Fäustchen wenn er als das personifizierte "Böse" behauptet:
"Ich bin ein Teil von jener Kraft, die stets das Böse will und doch das Gute schafft", so vergisst er zu sagen, dass dieser Satz genauso umgekehrt gilt:
„Ich bin die Kraft, die stets das Gute will und damit das Böse schafft".

2

Ich bin der Spiegel als Archelogos meiner Erfahrung

(Neptun, Poseidon, Kassandra, Moira)

Mitgefühl, Intuition, Inspiration, Ahnungsvermögen,

Kreativität, Klarheit

So spreche ich als der Archelogo der „Zweiheit" in personifizierter Form:

„Siehe und erkenne, mein Reich ist nicht von dieser Welt! Ich bin der ein und ausfließende Atem der hinter allem Leben steht.

„Ich bin hier ein Archelogos der sein Wasser ausschüttet, über der Welt in der Form, um alles Un-„Wesen"-tliche und Verhärtete aufzulösen und die Wirklichkeit des Seins wieder durchscheinend zu machen für das, was hinter ihr symbolhaft als Sinnthema von Adams Sein steht.

Die unstillbare Sehnsucht, die ich tiefverwurzelt in Adam Seele brennen lasse, ist nicht zur äußeren Erfüllung gedacht. Sie ist vielmehr das ewige Licht, die Religio, die ihn erinnern soll, wer er ist, woher er kommt, nämlich aus dem allumfassenden Sein, eines sich unbegrenzt empfinden können über ein tiefes Vertrauen.

Das erscheint für viele, die sich an der Realität festhalten wollen, als Verlust der handfesten Dinge - und das ist es auch.

Der Regenbogen gilt als eines der „Wunder" der Natur und als ein Zeichen der unendlichen Facetten meines Seins und Erfahrungsmöglichkeiten angelegt in den Früchten deines Lebensbaumes.

Die innere Stimme von mir flüstert Adam zu:

„Du bist nicht von dieser Welt und dein Königreich ist nicht in dieser Welt, also folge mir nach! Verlasse die schnöden Niederungen des Materiellen und gebe dich einem höheren Wissen aus dir hin!

Was in diesen schmalzvollen Sätzen so friedvoll spirituell klingt, wird freilich in der realen Welt als absolutes Versagen, als Träumerei und als Weltflucht interpretiert und das ist es auch.

Als Weichspüler und Vernebler verstelle ich dann den Blick, auf zu scharf reglementierte, konturierte bzw. normierte Lebenssituationen, die mein Archelogobruder der Vierheit (4), so gerne mag.

Ich beschönige dann gerne, wie eine Weichmacherlinse und schicke ADAM auf die Suche nach dem Paradies, das e aber nur finden kann, wenn er in sich, an seinem Lebensbaum alles in Ordnung und in Harmonie bringt! Diese Suche bleibt so sinnlos, solange es im Außen geschieht. Meine Schätze sind nur im Inneren als Inspiration zu finden. Denn ich bin deine Phantasie und Intuition, das „Grenzen-lose", das du nur in deinen Anlagen und Möglichkeiten findest, eben wie das Göttliche dich geträumt hat.

Ich liefere aber den unendlich großen Stoff aus dem die Träume für die Kreationen in der materiellen Welt sind.

Ein anderer Aspekt meines Wesens, die Grenzenlosigkeit kommt dem Begriff der „Liebe" hier sehr nahe. Diese wirkliche Liebe, die „Alles was ist", in sein Dasein mit einschließt und alles als „Eines" erkennen lässt. Das schmeckt meinem König der Tafelrunde der „Siebenheit" überhaupt nicht.

Wo ist hier die diplomatische Lösung, mit der auch der König und die gesamte Tafelrunde leben können:

Ein berühmter ADAM - Vertreter meines Seins sagte einmal durch mich:

„Liebe deinen Nächsten, wie dich Selbst"!

Ohne weiter darauf einzugehen, *beachte doch bitte auch öfters den zweiten Teil des Satzes!*

Du hast verstanden?

Mich als Archelogos zu beschreiben, fällt in der Polarität schwer, denn ich bin nicht von dieser Welt. Ich möchte und liebe keine begrenzende Form, sondern nur Inhalt bzw. Information. Grenzen sind mir zuwider. Sie trennen und erzeugen so Konflikte, die ich überhaupt nicht mag. Deswegen bin ich in der Homöophatie so beliebt, wo „Gleiches mit Gleichem" geheilt wird und der „Anti-Bios" keine Chance hat.

Ich bin der Träumeraspekt meines Ursprungs in Adam. Ich halte immer die Erinnerung an das Sein wach, jenseits von Polarität und sich getrennt empfinden. Es ist die Erinnerung des Seins jenseits aller begrenzenden Form und somit der Grenzenlosigkeit.

Ich bin der, der zu Visionen des Grenzauflösenden beflügelt. Ich erträume die Geschichte vom Paradies und die Wahrheit unseres Daseins. Ich halte es wach im Gegensatz meines unerbittlichen Wächters in der Vierheit, der stets an die Verantwortlichkeit und an die angeblich objektiven beobachtbaren Grenzen der Polarität erinnern möchte.

In Adam ist das Wissen um das Jenseitige, fern von jeglicher Form als Ahnung in seiner Seele. In dieser Sehnsucht, aus meiner All-Umfassenheit gespeist, findet Adam den grenzenlosen Widerhall von mir in sich, den Gegensatz zu meinem König und Kollegium, die Vorstellungen von Grenzen und persönlicher Macht geradezu fordern.

In diesem Archelogo der Zweiheit setzte ich den Auftrag meiner Schöpfungsordnung und damit mich anzuerkennen in dem Satz:

„Ich Bin" alles was ist. Adam ist Gott, aber Alles andere auch!

In dieser Aufgabe darf Adam mich durchaus als sein Höheres Selbst, als den „Göttlichen Funken" oder geistigen Bauplan, in ihm bezeichnen.

Nur auf der Erde, auf dem Boden der Form, in der polaren Realität kann ich mich nicht recht halten. Dort löse ich mich vermeintlich als Phantasiebilder und Ideen leider oft auf, zugunsten des offensichtlich Greif- und Fühl- und Erkennbaren. Deswegen möchte ich schon gerne in vielen Facetten meine Inhalte mit Hilfe der Vier-Heit in der Form dargestellt werden und dadurch Beachtung finden.

Ohne Erdung bleibt es immer bei der Suche nach dem Nicht- Greifbaren, die in die Sucht, da nie erreichbar, führen kann.

So muss ich denn wohl oder übel berücksichtigt werden, als Stoff aus dem die Träume in der Materie gestaltet werden und Wunder möglich sind. Übrigens fühle ich mich im Ausdruck von Fantasie und Science Fiktion- Filmen und Märchen sehr wohl

Wenn diese Essenz aus diesen Geschichten zum Wohle der Objektivität und praktischem Leben keine Berücksichtigung finden, dann wird jede Subjektivität des Egos von Adam unhaltbar, da er sich in Träumereien flüchtet.

An der Stelle, wo ich noch in der Welt in einem Spezialsektor wirke, muss ein überzogenes Ego aufgeweicht werden, sonst wird die Welt der angeblichen Tatsachen mit den äußeren Sinnen (un-) durchsichtig. Ich bin zusammen mit der Vier-Heit im Zusammenspiel der Grenzwächter unseres Ego`s:

Lässt mich Adam schwach sein, erlebt er Härte und sehnt sich nach mir wie nach einer Geliebten. Zu hart in seinen Prinzipien und Glaubensvorstellungen, klopfe ich ihn zunächst über sein Herz weich, bis ich wieder als innere Stimme wahrnehmbar werde. Wenn Adam sich dann doch noch nicht von innen berühren lässt, löse ich ihn dann vom Äußeren her aus der Gefangenschaft seiner geistig und gegenständlich erstarrten Welt und führe letztendlich zum Verrat, der nicht angebrachte Illusionen und Hirngespinste schmerzlich zerstört. Luzifer, über die „Eins", hilft mir dann sehr gerne dabei.

Ohne Glauben an das Allumfassende und Vertrauen in die Allmacht des Göttlichen im eigenen Lebensbaum, macht Adam sich oft etwas vor und ist dann wenig erfreut über die Ent-Täuschung"en.

Mit Hilfe von mir erträumt ADAM das Bild von einem Paradies auf Erden und mit eben meiner Hilfe zerspringt es wie eine Seifenblase, die niemals für Dauer und schon gar nicht für diese Welt geschaffen ist, da ich nicht entgültig in einer entgültigen Form existent sein möchte.

Ich bin die unerreichbare Geliebte mit meiner Freundin der „Acht", die Adam auf die Suche nach dem Paradies auf Erden schickt, und so wie im Film herrliche Erfahrungen ermöglicht. Positiv für Adam gesehen bin ich hier die Stimme seiner Intuition, die ihm aus dem Innern, die Botschaft zuflüstert, welche als Botschaft hinter der Form seiner Situationsdarstellungen steht. Kannst du sie klar lesen, bin ich dein eigener Psychopompos, dein Seelenführer, der jede, an felsenhaften Grundsätzen orientierten Konfessionen überflüssig macht. Ich bin dann dein Glaube an den „Der ist und immer war".

Wenn du dich nun auf mich einlässt und mein Symbol bzw. Bild tief und bewusst inhalierst oder visualisierst mit den Worten:

„Ich bin die Kraft des Glaubens und Vertrauens!
Ich bin Traum und Inspiration der Liebe,
tragende Hoffnung durch Glaube an mich!"

bekommst du:

Lösungen/ Unbefangenheit / Improvisation/ /Befreiung/ Glaube/ Träumend/ Kreativ/Inspirativ/ Mystisch/ Intuition/ Unterstüt-zung und Verbundenheit für das Leben/ Vielfalt für den Aus-druck deiner Lebensthemen.

3

Ich bin der Narr als Archelogos meiner Erfahrung

(Uranos, Rumpelstilzchen, Schamane)

Geistesblitz, Erfindungen, Umschwung, Geistige Freiheit,

Spontaneität, Einfallsreichtum, Freiheitsliebe, Originalität,

Spontaneität, Veränderung

Siehe und erkenne:

„Ich bin der Archelogos der „Dreiheit", der leuchtet über Adam und ihm das Unvorhergesehene, den Blitz der Spontaneität und Überraschungen verheißt.

Ich bin der Spötter über die Aufgeblasenheit der Könige auf dem Jahrmarkt der Eitelkeiten. Ich brauche den Adam als König nicht.
Ich bin seine Unberechenbare, stets im Augenblick neu sich erschaffende Seite. Ich garantiere ihm seine Unverwechselbarkeit und Individualität.

Unbeschwert und fröhlich gehe ich meines Weges, als Narr und freue mich auf eine unvorstellbare bunte Zukunft.

Ja, als Archelogo der Dreiheit trete ich immer ganz plötzlich, wie ein Blitz", ins Rampenlicht des Lebens von Adam, um ihn aus seinen verkrusteten Sicherheiten herauszuschleudern, aus seinen Bindungen, dem Alltagstrott. Ich lehre ihn wieder das Abenteuer und das Spiel zu lernen, das Hinfallen und Aufstehen, das ADAM als Kind so gut beherrscht hat, um bunte Erfahrungen zu machen. Ich locke mit Freiheit, mit bunter Vielfalt des Daseins und des Abenteuers. Ich bin das neue Ufer deines Seins!

Dies sind meine Geschenke Wenn du dich auf mich einlässt und mein Symbol bzw. Bild tief und bewusst inhalierst oder visualisierst, mit den Worten:

„Ich bin einzigartig und erwünscht"

bekommst du:

Das Neue/ Spontaneität/ Innovation/ Überraschung/ Individualität/ Wandlung/ Aufbruch/ Zufall/ Einzigartigkeit/ Wunder.

4

Ich bin der Patriarch als Archelogos meiner Erfahrung

(Saturn, Meister/ Herrscher)

Stabilität, Gewissenhaft, Ausdauer, Überblick, Festigkeit,

Verantwortung, Praktisch, Disziplin

Siehe und erkenne:

So spreche ich als Archelogo, geboren aus dem Gedanken der „Vierheit":

Ich bin die Macht des Schicksals. Ich bin der Alte, karg und hart, wenn ich auch in meinem Gesicht das Mitleid über jenen Adam spüre, der die Verantwortung und Spielregeln für eben seine Existenz nicht übernommen hat.

Ich bin der, der Adam in seine Schranken weist, wenn er über seine Stränge schlägt und weise ihn auf seine Pflichtthemen und Verbindlichkeiten hin, wo er seine Verantwortung auf Erden alleine zu tragen hat.

Ich vertrete symbolisch Adams Gesetz des Objektiven, gleichsam die Regel, und den Rahmen nach denen seine Handlungstiefe und Rahmen sich gestalten soll. Ich bin der Wächter über sein begrenztes Thema.

Ich verhindere die Ausuferung der subjektiven Wünsche und Gefühle von Adam, mit denen er sich früher oder später zu versöhnen hat um sich mit seinen Leben verbunden zu empfinden!

Meine Forderung, die dabei entsteht, ist immer dieselbe: »Mensch, übernimm die Verantwortung für das, was du tust. Steh dafür ein, was dir geschieht durch dein „TUN"!

Ich mag das Spiel der Dreiheit, des Narren, über einen gewissen Rahmen hinaus nicht, da es dann dem Wohle des Ganzen nicht dient. Ich akzeptiere, dass Adam spielen möchte und eben keine Verantwortung übernehmen für sein Ergebnis. Das ist über weite Strecken im Leben von Adam auch so ganz in Ordnung.

Aber irgendwann erhebe ich als „knochige Gestalt" meinen Zeigefinger und sage:

Du kannst nicht alles tun, was du tun willst, denn du bist verbunden mit einer höheren Ordnung, der du dich zu fügen hast. Jetzt ist Adam im Jammer. Die Welt ist angeblich grausam, kalt und hartherzig zu ihm. Er empfindet mich als sein Archelogos dann ebenso ungerecht wie den härtesten Lehrer, den er stellvertretend in seiner Kindheit hatte. Ja, ich bin ein kalter und karger Lehrmeister, der Adam auf den Buchstaben seines inneren Gesetzes aufmerksam machen möchte:

„Es steht aber geschrieben" - sage ich....
.
Meine Gesetze sind nicht zu verwechseln mit einer Moral im gesellschaftlichen Sinne (obwohl es oft so erscheint), denn diese ist für alle gemeinsam vorhanden.

Nein, ich habe ganz spezifische Gesetze, die nur für Adam gelten, wobei ihm noch, wie bei meinen Zahlenbrüdern, die besondere Schwierigkeit ins Haus steht, sie selbst herausfinden zu müssen.

Oft glaubt Adam, es seien die Anderen, die sein Gesetz an ihn herantragen und er würde ungerecht behandelt. Aber ich als sein Meister der Eigenverantwortung bin nie ungerecht oder grausam.

Nein, wenn er mein Gesetz im Inneren nicht hören will muss er in Situationsdarstellungen äußerer Entstehung sein Gesetz schmerzhaft gespiegelt bekommen.

Diese Darstellung ist ja die unangenehme Seite von „1" - Luzifer, der dann in seiner Repertoirekiste kramen muss, um die entsprechende Darstellung auf die Bühne zu zaubern. Subjektives Gejammer von Adam nützt nichts, dass es ihm nicht passt, was er zu lernen hat oder wofür er die Verantwortung zu übernehmen muss.

Zu meiner Person „Ja" zu sagen, heißt, sich vor sein Schicksal in Eigenverantwortung verbeugend zu stellen und zu sagen:

„Du gehörst zu mir!"

Das stimmt mich milde und beruhigt mich.

Wer nicht hören will, muss fühlen, deswegen lies sorgfältig und lerne: „Dein Wille geschehe" zu akzeptieren:

All das bin Ich für dich, Wenn du dich auf mich einlässt und mein Symbol bzw. Bild tief und bewusst inhalierst oder visualisiert bekommst und verstärkst du:

Ich bin der Meister meines Lebens"!

Konzentration/ Ordnungsfähigkeit/ Reduktion aufs Wesentliche/ Stabilität/Erhaltung/Realismus/Sicherheit/Beharrlichkeit/ Beständigkeit/Dauerhaftigkeit/Ausdauer/Kontinuität/Gradlinig- keit/ Disziplin/ Beherrschung/ Erkennen eigener Gesetzmäßig- keiten/ Verantwortungsfähigkeit.

5

Ich bin der Lehrer als Archelogos meiner Erfahrung

(Jupiter, Priester/ Lehrer, Missionar)

Entwicklung. Seelische und geistige Expansion, Wertbewusst,

Entfaltung , Optimismus, Vertrauen, Toleranz, Großzügigkeit,

Organisation, Güte, Weisheit

Siehe und erkenne:

Ich bin der Archelogo im Inneren von ADAM, der ihn die großen geistigen „Sinn"-Erfahrungen erleben und verrichten lässt.

Ich versuche ihm tiefe Welt und Seelen-Einsichten zu geben, um sich in ihnen zu handelnd spiegeln und zu verstehen.

Damit ist meine Aufgabe die „Religio", die Zurückverbindung zu seinen und den allumfassenden geistigen Wurzeln und seine Erinnerung an die Weite. seiner unbewusst schlummernden Seelengeschichte.

Im Herzen von Adam brennt so ein ewiges Feuer, die ewige Frage: "Wer bin ich?" Für Adam bin ich so seine Auffassung von Recht, Ethik und Extroversion.

Auf der langen Suche durch die Zeit bediene ich mich vieler geistiger Hilfsmittel, vieler Religionen und Philosophien.

Doch mich kann man im Äußeren letztendlich wie auch den Gral nicht finden. Aber es ist meine Aufgabe, den Weg dorthin zu ebnen, ihn zu verstehen und Fragen zu stellen.

Meine Antworten sind aber nicht als selbstüberhebliches Ruhekissen von Amtsanmaßungen für das kleine Ego von Adam zu missbrauchen und somit seine Wanderschaft zu beenden.

Doch genau ebendies meint mein König das Ego als vermeintlich All wissendes all zu leicht erreichen zu können. Nur zu gern glaubt er, er im Besitz einer absoluten Wahrheit zu sein missioniert mit seiner Konfession, die er mit Religion verwechselt. Er drückt sie den anderen auf, ohne zu spüren, wie er dabei seine ureigenen Fragen verliert und sich mit anmaßenden Antworten immer weiter von seinem Amt, des inneren Therapeuten und Priesters entfernt.

Würde Adam in das Innere seiner eigenen Welt schauen, so könnte er sehen, dass die Suche niemals endet.

Doch findet er immer nur Antworten und Ratschläge für andere, so vergisst er leicht, dass alles Wissen nur Zwischenstation, nur kleine Aspekte von vielen in seiner allumfassenden Wahrheit sind.

Als äußerer Therapeut darf er mich nur als nur geistiger Geburtshelfer und Begleiter, niemals aber Träger der Wahrheit seiner Mitmenschen sehen, ansonsten er sich in den schwindelerregenden Höhen der Selbstüberheblichkeit selbst tief zu Fall bringen kann.

Ich helfe Adam dabei, sich auf die Suche zu machen, sich an den Ursprung zusammen mit meinem Bruder Neptun („2") zu erinnern. So hilft er sich letztlich nur sich selbst, seiner eigenen Frage, dem eigenen Sinn wieder auf die Spur zu kommen. Dies zu erkennen scheint jedoch sein größtes Problem zu sein. Er sieht sich lieber als Guru und Lehrer für andere, als dass er seine geistigen Kräfte der eigenen Problematik widmet. Lieber poliert er sein EGO in anmaßenden Ämtern auf ein konfessionelles oder esoterisches Hochglanzformat, anstatt sich dem Sinn des eigenen Daseins zuzuwenden.

So flüstere ich mit den erhobenen Armen des Psychopompus, als Seelenführer in Adam Wenn du dich auf mich einlässt und mein Symbol bzw. Bild tief und bewusst inhalierst oder visualisierst bekommst du:

Wachstum/Expansion/Planung/Übersicht/Neugestaltung/Fülle Entwicklung/Ausbreitung/ / Fortschritt/ Weisheit

„Ich die Weisheit meiner Erfahrungen und die Kraft der Entfaltung"

6

Ich bin der Krieger als Archelogos meiner Erfahrung

(Ares, Mars, Krieger, Held)

Agieren, Durchsetzen, Aktivität, Dynamik, Willenskraft,

Engagement, Initiative

Siehe und erkenne:

Ich bin der Träger von Adams Handlungs- und Durchsetzungs-
fähigkeit in der Sechsheit. Mir obliegt jede Form der Initiative und
Tatkraft. Ich trage jene Energien, die sich nach außen, in die Welt
der Formen bewegt um sich an seiner Spiegelung zu erfahren. Nur
so kann der Schöpfungsakt in seiner verdichteten Leere weitergehen.
Ich bin in vielerlei Formen an die Spitze gestellt.

Symbolisch werde ich als die äußere Person des KRIEGERS von
meinen anderen inneren Brüdern nach vorn geschickt und gleichsam an die Front des Handelns gestellt. Ich selber frage nie nach
dem Sinn und Zweck und wofür meines Tuns.

Das ist die Aufgabe von Adam anderen Archelogos, die das Wofür
und den Zweck meines Tuns mit sich ausmachen. Gewissensbisse
und Mitleid sollen sie über das empfinden, was ich als ihr Kollege
im Außen angerichtet habe

Damit bin ich immer der Täter, denn nur in der Tat werde ich
meinem Naturell gerecht. Dabei ist mein Lieblingsbruder der Archelogos der Dreiheit, mit dem ich neue unbekannte Gefilde erobern
kann.

Das Vorbild meiner Kraft ist der erigierte Phallus und die ihm innewohnende Fähigkeit, zu erobern und ein und vorzudringen.

Ich bin das Männliche, der Macho und versuche mich als Adam zu
ergänzen mit meiner Weiblichkeit der Eva. In ihr kann ich mich
erkennen, wer ich nicht bin. Diese zu besitzen und zu beherrschen
reizt mich ungemein.

Da mein Auftrag der Kampf ist, ist mir das Thema der Rücksichts-
losigkeit fremd und ich habe wirklich keine Lust über die Folgen
meines Tun`s zu grübeln.

Es versteht sich von selbst, dass ich der Draufgänger und James Bond im Ensemble der Archelogos bin. Denken und Abwägen ist für mich als Krieger eher schädlich und hindert mich, das Gesamtensemble der Wesensglieder vor Gefahren zu schützen.

So stürme ich schon seit Jahrtausenden durch Adams Weltgeschichte.

So flüstere ich voller Tatendrang in Adam:

Wenn du dich auf mich einlässt und mein Symbol bzw. Bild tief und bewusst inhalierst oder visualisierst bekommst du:

Tatkraft/Durchsetzung/Mut/Tapferkeit/Durchdringen/ Eindringen/ Leistungsfähigkeit/ Männlichkeit.

„Ich bin die Kraft und Stärke"
„Ich bin stärker als jede Herausforderung!"

8

Ich bin die Weiblichkeit als Archelogos meiner Erfahrung

(Venus, Aphrodite, Amor)

Gemütlichkeit, Sinnlichkeit, Genussfähigkeit, Sinn für

Wertvolles, Zärtlichkeit, Friedensliebe, Sinnlichkeit,

Gruppensinn, Erotik, Kreativ, Geschmack

Siehe und erkenne:

Als Archelogo der „Achtheit" und des Unendlichkeitszeichens, der Achterschlaufe, bin ich die Geliebte der ganzen Tafelrunde. Ein wenig Schwierigkeiten mit mir hat der Alte der Vierheit mit mir, da er mir immer mit seinen Moralpredigten kommt.

Für mich ist es sehr wichtig, meine äußere Attraktivität von außen gespiegelt zu bekommen und dafür geliebt zu werden. Aber für Adam bin ich pure Zärtlichkeit und sinnliche Erotik, die er im Äußeren oft in seiner Eva sucht.

Wie die Königin im Märchen schaut, schaue ich in den Spiegel, und in die Tafelrunde in der Hoffnung, dass mich alle anderen begehrenswert finden.

Die Hauptenergien meines Wesens richten sich nämlich auf das Thema des Wertes, insbesondere auf die Frage:

Wie kann ich in den Augen der anderen (und natürlich in meinen eigenen!) meinen Wert darstellen und möglicherweise sogar noch erhöhen?

So verleite ich Adam dazu, sich erst einmal im Äußeren sich mit Schminke oder hübschen Kleidern attraktiv zurechtzumachen, mit wertvollen Dingen zu behängen und zu umgeben, in der Erwartung, diese Dinge mögen seine Anziehungskraft erhöhen.

Von mir lebt die gesamte Kosmetik- und Modebranche und (wo das nicht mehr reicht) die Schönheitschirurgie. Alle Anstrengungen werden unternommen, dass diese Person in der Gruppe der Gleichgesinnten als wichtiges und wertvolles Mitglied herausragen kann.

Wo immer es etwas Materielles von Wert und Wichtigkeit anzusammeln gibt, habe ich meine Hand im Spiel:

Sei es bei Aktien, Grundstücken, Bankkonten, sei es bei Briefmarken oder Gemälden. Immer ist es der Versuch jener Person, den Eigenwert zu erhöhen.

Auch das Thema der Sinnlichkeit und der Erotik wird von mir verwaltet. Ich bin das Verführerische, das Verlockende. Als Archelogos der Symmetrie und Harmonie und Sinnlichkeit bin ich anlockende und betörende Attraktivität. Ich stelle dadurch die Nähe und den Körperkontakt her und sorge für die Bereitstellung der äußeren Attribute und lasse mich gerne besonders für meinen Mars-Archelogo („6"), in Form von äußeren Partnern, in ein sinnliches Spiel (einen Flirt) ein, mit dem Ziel, die einzig Begehrte zu sein.

Ich löse den Wunsch nach Nähe und der Wunsch, wichtig und wertvoll zu sein aus, der besonders oft für den etwas beschränkten Mars hier die Triebfeder sogar für Kriege bildet. Ob dann die dem Flirt (und der Nähe~) folgende Sexualität das hält, was ich versprochen habe, ist eine Frage, die von meinen Archelogo Brüdern entschieden wird, wie z. B. von der Sonne (7), deinem Ego.

Aber durchaus habe ich auch viel Sinn für die Themen Freundschaft, Treue, Geselligkeit und Verlässlichkeit, wo ich äußerer Spiegel sein kann für Adam wirkliche Zugehörigkeit.

Für Mars bin ich besonders gerne ein Eroberungsobjekt. Ich diene seiner Muße und der Schönheit. Meine Anziehungskraft bestätigt er mir immer dadurch, da er mir durch seine Anstrengung das mühelos gibt, was mein Schönheitsbad im Spiegel verlangt und oft um meine Gunst kämpft.

Wenn du dich auf mich einlässt und mein Symbol bzw. Bild tief und bewusst inhalierst oder visualisiert bekommst du:

Harmonie und Ausgleich/ Sinn für Wert und Ästhetik/ Ausgleichende Fließgleichgewichte/ Freundschaft/ Austausch/ Sinnlichkeit und Genussfähigkeit/ Verführerisches/ Anziehungskraft und Versöhnungsfähigkeit/ Gemeinschaftssinn/ Charme/ Selbstwert /Anmut/Eleganz/Attraktivität.

Ich bin erwünscht und liebens -„Würdig"
und es wert beschenkt zu werden!"

Für einen bewusst suchenden Menschen sind Konflikte in der polaren Welt notwendige Stufen auf seinem Entwicklungsweg zum Selbst.
Der Krieg, die Auseinandersetzung mit der äußeren Welt liefert erst auch die notwendige Antriebsenergie für den Inneren Fortschritt, wirklichen Frieden und Harmonie, fordert den Ausgleich zwischen den Spannungspolen des Lebens, die höhere spannungspolvereinende Lebenseinsichten erfordern.
Die Verweigerung einer geistigen Problemlösung führt dabei erst zum Waffengang. Jede Weigerung sich dem Konflikt auf geistiger Ebene zu stellen, führt in letztendlich in und über den Körper.
So war „Harmonia" – die Venus- im Symbol der „Acht" auch nicht ungefähr das Kind zwischen dem Kriegsgott Mars (6) und der Göttin der Weiblichkeit, der Venus (8).
Ohne den Konflikt als Spannung, als das Salz in der Suppe des Lebens verkommt es zu „Bussigemeinschaften" und fadem „Herzi-Schmerzi"-Gehabe und endet in einem Dahinvegetieren und in Scheinheiligkeiten, die gerne zur Schau gestellt werden, in jeglicher Form von Esozirkeln.
Die Aggression ist sowohl in der Natur als auch im eigenen Körper als Abwehr von Eindringlingen die „not"-wendige Lebenskraft.
Mit dem „Aggredere"- dem Herangehen an Konflikte würdigen wir auch das Urprinzip des Mars in uns!
Im Augenblick eines Neuanfangs z. B. integrieren wir diesen Mars, der uns Kraft und Mut gibt, unseren Herausforderungen zu begegnen, an den Spannungen des äußeren Lebens innerlich zu wachsen.

9

Ich bin der Vermittler als Archelogos meiner Erfahrung

(Merkur, Hermes, Loki)

Erwerbssinn, Präzision, Genauigkeit, Forschend, Rationales

Wissen, Lehren und Vermitteln, Bedachtheit, Akribie,

Sorgsamkeit, Differenziertheit, Beobachtungsgabe,

Planen, Vernunft.

Siehe und erkenne:

Ich bin der Archelogo des Boten, der Vermittlung von Wissen und des Überbringens von Botschaften.

Im Grunde bin ich neutral und versuche gegenüber den anderen Archelogos zu moderieren und zu vermitteln. Adam benennt mich auch als sein Verstand, sein Denken, als Intellekt.

Ich sammle Informationen, speichere sie Adam ein, benenne und katalogisiere sie, um sie bei Bedarf wieder "auszuspucken"
.
Um meiner Aufgabe gerecht zu werden, muss ich alles vermeiden, was mich schwer macht und bindet. Stress mag ich nicht. Deswegen sind mir im Grunde meines Herzens die Dreiheit, Zweiheit und der Einheitsarchelogos zuwider, aber ich bin ja neutral, hinsichtlich der Informationen, die ich liefere. Wie die anderen Brüder damit umgehen, davor graut es mir manchmal.

Ich tänzele, als intellektueller Archelogo, von Ort und Ort, zwischen Adams Innerem und Außen und als Götterbote zwischen Himmel und Erde. Damit bin ich für Adam immer die Interpretationsgrundlage zwischen seinem Inneren und Äußeren.

Ich wäre verloren, wenn ich diese Oberfläche meines Daseins verlassen sollte und mich auf jemanden emotional einlassen oder an eine Meinung, einen Standort binden würde.

Ich liefere die Kraft der "Neu-Gierde" und in der Abwechslung bin ich in meinem Element. Meine Flügel sind die Erfindungen, Botschaften und Sprachen der Welt, auf deren Schwingen ich die Adam verbinde, um wie ein Schmetterling im intellektuellen Flug eloquent zwischen ihnen hin und her zu flattern.

Ich bin das Mitglied der Tafelrunde, der den Kontakt mit der Außenwelt herstellt, auf Partys geht, dort Menschen kennen lernt, um sie dann meinen anderen inneren Brüdern vorzustellen.

Im Übrigen nehme ich mich nicht zu ernst, da für mich die Botschaft ist letztlich wichtiger als der Bote, der sie überbringt.

In meinem Verständnis verstärke ich Adams Fähigkeiten, die Verbindung seines Themas im Sinne von „Wie innen so außen", richtig zu sehen".

Ich bin der Katalysator und Durchblick für das klare und wesentliche Zusammenspiel, das der Tafelrunde zu einer einheitlichen Präsentation von Adam verhilft.

Dieses Zusammenspiel lenke ich koordinierend, mit Vernunft und Fakten, in moralisch angepasste Bahnen. Ansonsten gäbe es Chaos und Fehlinterpretation, was oft genug vorkommt, wenn ich als Pressesprecher der Tafelrunde übergangen werde.

Ich bin auch der Alltagsbewältiger, der sich, als Vernunft zeigend, stets den Umständen beugt, um Konflikte zu vermeiden. Ich versuche Ordnung aufrechtzuerhalten um zu überleben. In diesem Punkt kann Adam sich allerdings auf mich verlassen:

Wenn ich ungestört arbeiten kann, beobachte ich gut und warne Adam als Mahner, immer gemäß den vorliegenden aktuellen Informationen, vor Gefahren.

Wenn meine Brüder mich negativ stören, kann es natürlich sein, dass ich aufgrund von Fehlinformationen nicht richtig moderieren kann. Dafür übernehme ich deshalb keine Gewähr. Deshalb höre auf mich, bleib klar und sauber mit:

Verstand/Vernunft/ Anpassung an Notwendigkeiten/ Kommunikation/ Kontakt/ Gedanke/ Rationalität/ Reflexion/ Vernunft/ Geschick/Neugierde/Erfindungsgeist/Aufmerksamkeit/ Urteilskraft.

Wenn du dich auf mich einlässt und mein Symbol bzw. Bild tief und bewusst inhalierst oder visualisierst bekommst du:

„Ich bin mein bewusstes Verständnis für meine Welt!
Ich bin fähig und kompetent!"

Merkur (9) muss immer dort wirken können, wo Kulturanpassungsleistungen mit Höflichkeiten und Normen und Regeln ein sinnvolles Zusammenleben regeln. Da muss es auch immer Lügen geben und da ist auch immer die Frage: Was bezweckt sie? - Will sie schädigen und vor Unheil bewahren oder ein sinnvolles Fließgleichgewicht im Zusammenleben gewährleisten. Wenn man nicht lügt oder sinnvoll schweigt, für eine schützende Selbstliebe muss man oft mit negativen Konsequenzen rechnen (ähnlich wie bei dem Glaubenssatz „Ich muss ehrlich sein") - mit Bestrafung, Verleumdung, Intrigen, Trennung, Entlassung, Distanzierung, oder Liebesverlust rechnen!

Wer meint, sich gegen erlernten Kulturanpassungsleistungen überall und in jeder Situation authentisch verhalten zu müssen, weist eine Reihe von Mängeln auf z. B. einen Mangel an psychologischem und soziologischem Wissen, einen Mangel an Unterscheidungsvermögen, einen Mangel an Realitätssinn oder einen Mangel an Kenntnissen über die Zusammenhänge von Sitten und Regeln, die durchaus ihren regelnden Sinn durch Lüge bzw. Zurückhaltung haben können - und da gilt es wieder zu unterscheiden, wie viel Selbstliebe man aufwenden muss um sich mit einer Lüge zu schützen! In diesem Zwiespalt stand auch dieser Petrus als er mit seinem Merkur (9) Jesus 3x verleugnete, um nicht Gefahr zu laufen für Jesus gekreuzigt zu werden! Übrigens werden Diplomaten werden für ihre kriegsverhindernden Lügen bei Unzumutbarkeiten ganz gut bezahlt!

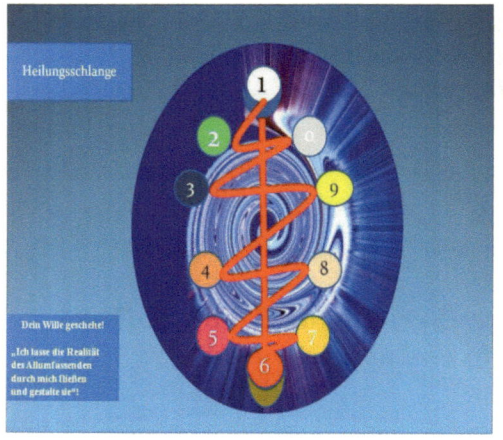

Die Synthese „10“

„Die eherne Schlange“

7 - „Ich bin der „Stolz“ auf mich

0 - „Ich bin geborgen und sicher“

1 - „Ich bin die verwandelnde Kraft für mein Wachstum“- das Licht, das von Zwängen befreit!“

2 - „Ich bin die Kraft des Glaubens und Vertrauens!“

3 - „Ich bin einzigartig und erwünscht!“

4 - „Ich bin der Meister meines Lebens!“

5 - „Ich die Weisheit meiner Erfahrungen und die Kraft der Entfaltung!“

6 - „Ich bin stärker als jede Herausforderung!“

8 - Ich bin erwünscht und liebens -„Würdig!“

9 - Ich bin fähig und kompetent!“

Siehe, ich bin das „Göttliche Kind" in Adam, als mein Bildwerk des Göttlichen geformt, das sich nicht darstellen könnende, manifestiert im Geformten, als mein verdichteter Geist, als und in der Materie, sich darstellen könnend.

Erkenne Adam:

Was den Samen meines Geistes empfängt, ist die „Unbefleckte Empfängnis"!

Du bist es, mit dem Eintritt in die Form der Körperlichkeit als sein „Walk IN" meine Idee, mein Bildwerk - deine Seele, das „göttliche Kind" - auf seiner Heldenreise!

Wie du damit umgehst, ist deine Entscheidung und in Liebe antworte „Ich" darauf, um dir zu geben, was du als Wachstum brauchst, auch über Krankheit!

Du meinst Gebärende(r) zu sein – doch der „Große Geist" ist es, der dich gebar.

Er ist in dir und nicht nur außen. Es kann nichts eins mit Ihm sein, ohne „Er" zu sein. Zweifel ist dabei nicht Einheit mit Ihm, aber das Erkennen, das daraus in Einklang mit ihm erfolgt! - denn Sein Auge ist zu „Licht", um „Dunkles " zu sehen!

Verweile nicht im Zweifel. Glaubst du wirklich an dich, so glaubst du an mich!

Nur ungewandelte blockierte Kraft verwüstet, vergiftet und zerstört. Die Kräfte deines Lebensbaumes sind nur zerstörerisch, wenn sie nicht am angemessenen Platze im Einklang gebraucht werden.

So gibt es auch nichts Böses! - Es gibt nur noch die nicht erkannte Aufgabe und Sinn!

Das „Böse" ist ein Stau des Lebensflusses, der in fruchtbare Landschaften fließen will!

Nimm also das „Böse" auf und verwandle es in Fließendes durch Selbsterkenntnis!

Es gibt nichts Schlechtes, es gibt nur umzuwandelnde Kraft!

„Du bist immer in Gott! – und deshalb auch in deiner Seele „Gottvoll"!

Ich bin die Sehnsucht nach Zärtlichkeit und Geborgenheit in Adam, aus der er seine Ruhe und Kraft und Geborgenheit und sein Getragen sein aus sich selbst heraus schöpfen kann. So verbinde ich mich gerne mit dem Archelogos der Null und der Kreislauf beginnt von neuem.

Ja, nun saß ich in und mit Adam da und konnte mein Buch betrachten, das Buch meiner Schöpfung und meiner Erkenntnis durch meine Früchte des Lebensbaumes. Ich bin und war Gott in Allem und ich war in allem das Ergebnis meiner Kraft.

Alles war aus meiner Alpha Time und ist Alpha Time*, sich stets neu erschaffend und erfahrend, aus der Vielfalt und der Kombination meiner, sich in allem was ist, sich manifestierenden Archelogos und Geometrie in ihren Vernetzungen.

Schau dir ein Kind an und du wirst sehen, wie war diese Worte sind. Ein Kind als mein und dein manifestierter Gedanke zeigt dir diesen ganzen Schöpfungsprozess des sich selbst ständig Erschaffenden und Erfahrenden an jedem Tag, mit jedem Prozess, in jeder Phase seiner Entfaltung. Hier erkennst du mich in dir als Spiegel.

Sei und werde wie ein Kind, und du weist, wer ich in dir bin und was meine Absicht in dir ist.

So kann ich mich in meinen erschaffenen Gesetzen und Anlagen in deinem Lebensbaum immerwährend und ewig spiegeln:

Ich bin die einzige Ursache und alle Ursachen sind geistig.

Ich bin der Spiegel in jeder Manifestation meines Seins, um mich darin zu erfahren, wer ich bin und nicht bin.

In bin die Polarität in allen Manifestationen, die Erfahrung erst ermöglicht. In jeder Polarität bin ich männlich und weiblich. ruhend und bewegend, ewig erschaffend und doch immer ruhend.

Ich bin der unbewegte Beweger aus meiner Absicht heraus und aus jeder Manifestation in der ich mich darstelle. Ich bin überall der Mittelpunkt meines Seins und kann mich überall gleichzeitig erschaffen und erfahren, in Gedanke, Wort und Tat.

Ich und alles was durch mich ist, mein L-„ICH"-T in der Zeit, die Kraft und die Stärke in mir, in allem was ist. Alle meine Arche-Logos finden sich in jeder Pflanze, jedem Tier, in jedem Wesen und Struktur als einzigartiges Netzwerk.

Ich bin die Summe aller deiner Erfahrungen als deine Seele, dein Adam.

Siehe, dein Sein ist ein Kosmos!

Viele, viele, unendliche viele Bewusstheiten wirken in Adam, so wie mein komplettes Bewusstsein wieder im "Körper" meines „All – Eins – Seins" wirkt:

„Wie oben, so unten, wie Innen, so Außen!"

Wenn du und ihr mich so verinnerlicht, und damit erschafft, ist alles Mittelpunkt und freudvoller Schöpfer meiner Welt.

Es kann nur Freude sein, da Freude, so wie ich selbst, unbegrenzt ist. Wo wahre Freude aus dem Herzen fließt, da spiegeln sich Liebe, Offenheit und Vertrauen. Wenn ihr es schafft euch zu vertrauen, vertraut ihr dem Ganzen und damit mir und Vertrauen kommt euch entgegen.

Ja! – „Ich" und „Du" bist „Adam", der Künder meiner Kraft. Aus meinem verdichteten Geist habe ich mich als Adam geschaffen, der Schöpfer meiner Welt. Das was du dabei siehst, seid ihr alles, als Wassertropfen, eingebettet in die Unendlichkeit meines Geistes*

Mit dieser Affirmation öffnest du dich für meine Energien:

„Dein Wille geschehe!-
Ich lasse seine Realität durch mich fließen
und gestalte sie"!

Der Mensch ist ein Grenzgänger eines „freien Willens"

Im Grunde kann er bei der eigenverantwortlichen Gestaltung seines Lebens nur zwei grundlegende Entscheidungen treffen!

Die zwei grundlegenden, sich entsprechenden Entscheidungen mit „Entweder, Oder – Als auch – Jetzt - Heute – Morgen, sind:

a. Mein Wille geschehe in meiner Welt bzw. in meiner Realität!
b. Ich lasse seinen Willen - den Willen des Großen - durch mich fließen und gestalte ihn in meiner Realität!

Nicht also der Weg ist oftmals das Ziel, sondern die Einstellung, mit der es geschieht!

So erschafft das Göttliche nicht durch ein „Tun", sondern es geschieht im Menschen und löst so entsprechende Veränderungen aus dem Inneren, mit äußeren Resonanzen, im Leben aus!

Die Archelogos – Symbolzahlen

THEMA der „EINS"

Der größte Sieg ist der Sieg über sich selbst! Über sich hinaus wachsen wollen. Den absoluten Urgrund der Dinge um jeden Preis (Faust!) enthüllen wollen. Idealismus, Wandlungsfähigkeit, Opferbereitschaft, hoher Anspruch an sich.
Unerlöst: Das Leben durch Modellvorstellungen, die man Ideale nennt vergewaltigen, und daran selbst zugrunde gehen. Extremismus, Fanatismus, Sadismus, Masochismus, Verbissenheit, Misstrauen, psychischer Machthunger Besessenheit, manisch- depressives Irresein, Zwangsneurose, Selbstzerstörungstrieb, Krebs.

Thema der „NULL"

Ein Leben für mehr Gefühl. Auf der Suche nach der Seele in allem. Die Psyche der Dinge ergründen, Bemuttern und Bemuttern lassen. Hingabe, Anpassungsfähigkeit, Fürsorglichkeit, Mütterlichkeit, Gefühlstiefe.
Unerlöst: Das launische unzufriedene Kind, Passivität bis zur Antriebslosigkeit, Ängstlichkeit, Gemütsleiden, Sentimentalität, Beleidigt sein, Schmollen, Unselbständigkeit, Selbstmitleid, Launenhaftigkeit.

THEMA der „ZWEI"

Sehnsucht nach Verschmelzung mit der Einheit der Dinge. Aufgehen in der Schöpfung. Transzendieren, Sensibilität, Mitgefühl, Intuition, Phantasie, Ahnungsvermögen,
Unerlöst: Die Selbstbetäubung, um die Wahrheit nicht sehen zu müssen. Altruismus, Haltlosigkeit, Charakterlosigkeit, Undurchsichtigkeit, Schwindelei, Süchte, Wahnideen, Halluzinationen, religiöse Wahnvorstellungen, Keine Ich-Grenzen setzen können.

THEMA der „DREI"

Die Welt durch Geistesblitze und Erfindungen aus den Angeln heben! Geistige Freiheit, Überwindung von Zeit und Raum. Einfallsreichtum, Freiheitsliebe, Originalität, Genialität, Veränderungslust
Unerlöst: Zerstörung sinnvoller Ordnung und Hierarchie, Nervosität, Unruhe, Exzentrizität, Gefühlskälte, Clownerie, Getriebenheit, Psychosen mit Desorientierung, Epilepsie, Katalepsie.

THEMA der „VIER"

Eigenverantwortlich das erstrebte Ziel (Gipfel) erreichen. Die Suche nach aus Erfahrung geborener Reife und Weisheit. Bescheidenheit. Klarheit, Ausdauer, Reinheit, Konzentration, Ernsthaftigkeit, Format, Ordnungsliebe, Verantwortungsgefühl.

Unerlöst: Selbstgerechtigkeit bei kalter Strenge anderen gegenüber, Geiz, Härte, Sturheit, Verschlossenheit, Dogmatismus, Strenge, Schizophrenie, Depression, Kontrollzwänge, Autismus.

THEMA der „FÜNF"

Ein Leben für die Entwicklung. Seelische und geistige Expansion, Den Sinn des Lebens finden.

Unerlöst: Der hohle Hochstapler ohne Substanz, Pathos, Übertreibung, Großspurigkeit, Selbstüberschätzung, Arroganz, Humor, Optimismus, Vertrauen, Toleranz, Großzügigkeit, Organisationstalent, Güte, Manien, Hysterie, Depres-sion (kompensiert durch unechte Lebenslust)

THEMA der „SECHS"

Unmittelbarer Einsatz aller zur Verfügung stehenden Kräfte, um das jeweils gesteckte Ziel zu erreichen und möglichst schnell Resultate zu sehen.

Unerlöst: Gewaltsames rücksichtsloses Vorgehen, Hochleistungswahn, Mut, Tapferkeit, Ehrlichkeit, Ritterlichkeit, Willenskraft, Engagement, harte Direktheit, Wut, Zorn, Aggressionslust, Hektik, Rastlosigkeit, Rivalität, Unbedachtheit.

THEMA der „SIEBEN"

Die Freude am Spiel. Leben als Tummelplatz für den spielerischen Selbstausdruck. Lebenslust.

Unerlöst: Machtstreben, das nicht aufhört, bis das kleine Ego im Zentrum der Beachtung steht. Kraft, Ausstrahlung, Selbstbewusstheit, Situationsnähe, Organisationsgabe, Risikofreude, Verspieltheit, Stolz, Überheblichkeit, Selbstüberschätzung, Angabe, Manien, Egodominanz, Prahlerei, Dominanzstreben, Größenwahn.

THEMA der „ACHT"

In Gemütlichkeit, Sicherheit und Sinnlichkeit das Leben genießen. Schönes, Wertvolles sammeln, zum Bestand machen und erhalten. Ruhe, Zärtlichkeit, Friedensliebe, Sinnlichkeit, Gruppensinn, Bodenständigkeit
Ein Leben für die Harmonie (der Farben, Formen, Musisches, Die Suche nach dem inneren Frieden, nach der Ergänzung durch den geliebten Partner. Charme, Höflichkeit, Zärtlichkeit, Freundlichkeit, Kunstempfinden, Eleganz, Diplomatie.
<u>Unerlöst</u>: Lauheit, Unentschlossenheit und Unehrlichkeit, »zu schön, um wahr zu sein«. Blasiertheit, Verzärtelung, Schmeichelei, Handlungs- und , Entscheidungs- schwäche, Unehrlichkeit, Leben in statischer Scheinharmonie.
Genussgier, Verteidigung von Dingen, die sich als unrichtig erwiesen haben; träges Bedürfnis nach Ungestörtheit. Besitzdrang, Neid, Hartnäckigkeit, Trägheit, Unbeweglichkeit, Fresssucht, Depression.

THEMA der „NEUN"

Freude an Präzision und akribisch genauer Kenntnis. Forschendes Verständnis durch genaue Beobachtung. Rationales Wissen dienend weitergeben. Bedachtheit, Akribie, Sorgsamkeit, Differenziertheit, Beobachtungsgabe, Ver-nunft.
Ein Leben für die Wissbegier. Neugierig, immer Neues auskundschaften, in sprachliche Begriffe fassen und sich darüber mit anderen unterhalten. Heiterkeit, Wendigkeit, Vielseitigkeit, Geselligkeit, Interessiertheit, Klugheit.
<u>Unerlöst</u>: Das geschwätzige wandelnde Lexikon, Geschwätzigkeit, Listigkeit, Oberflächlichkeit, Neugier, Lügenhaftigkeit, Paranoia, Hebephrenie, Ideenflucht, Beziehungswahn.
Zersetzendes Misstrauen, das alles, was der eigenen Logik nicht eingeht, zynisch verdammt. Kritiksucht, Misstrauen, Verschlagenheit, Ängstlichkeit, Pedanterie, Pessimismus, Zynismus, Angstsyndrome, Phobien, Kontrollzwänge, Depression.

Hinweis:

Da die Wirklichkeit des Lebens komplex ist, kann diese Aufstellung selbst- verständlich nur eine sehr grobe Übersicht darstellen. Mit ihr soll jedoch aufge- zeigt werden, welche Wechselbeziehungen zwischen der seelischen und der kör- perlichen Welt bestehen.

Psychosomatikindikatoren der Zahlen am Lebensbaum

„1" Pluto

Wirkt heilsam auf:
Das gesamte Sexualsystem mit den sexuellen Problemen und Erkrankungen, Blindarmaffektionen, das Nasenbein (Macht), Neigung zu Fehlgeburten, Migräne, sowie die disharmonische Zellteilung – **Krebs!**

• „2" Neptun

Wirkt heilsam auf:
Die Organgruppe der Verdauungsorgane (Magen, die Leber) Vergiftungen, Suchtneigung bis hin zur Suizidgefährdung, dem Auslöschen wollen aus hilfloser Schwäche. Eigenartige oder geheimnisvolle Krankheiten (Neptun vernebelt) daher Neigung zu Betäubungs- oder Genussmitteln (Alkohol oder Drogen). Erschlaffung der Organe bis hin zu Lähmungen, Erkältungen und Koliken durch kalte Füße, d.h. die Füße sind hier besonders gefährdet und empfindlich. Außerdem zeichnet sich hier an der Haut, dem sowohl abgrenzenden wie verbindenden Organ nicht selten eine beginnende Krankheit ab, z. B Allergien (siehe auch mit Mars „6") zusammen mit Pluto („1") können die Lymphe betroffen sein.

• „3" Uranus

Wirkt heilsam auf:
Zusammen mit der Sonne (7) die Rhythmik des Körpers (d.h. die Organgruppe von Venen- Nerven - und Herzleiden), die Blutzirkulation, Verletzungen und Kopfschmerzen, bedingt durch Nervosität, die aus der Behinderung der freien Entfaltung kommt. Hierher gehören zusammen mit der Venus (8) auch die Organsprache der Schilddrüse, die Hirnhäute und das Rückenmark, Krampfzustände (z.B. Wadenkrämpfe), plötzliche Operationen, Wetterfühligkeit und die Bronchien (Keuchhusten)

• „4" Saturn

Wirkt heilsam auf: Die Organgruppe Knochen, der Knochenbau, d.h. der gesamte Kalkhaushalt, also Knie, Knochengerüst bis hin zur Wirbelsäule, Haut, Haare, Nägel, Alle Alterserscheinungen und- Erkrankungen Alle sogenannten chronischen Krankheiten, oft durch Stoffwechselverlangsamung ausgelöst, bis zur Gelenkversteifung, Gicht, Arthritis, Arthrose, auch das Knochenmark (mit "1") chronischer Rheumatismus, bei dem vornehmlich das Bindegewebe in Mitleidenschaft gezogen werden kann. Angina Pectoris (Verengung der großen Gefäße, die das Herz mit Blut versorgen), sehr wahrscheinlich besteht unter Saturn auch eine Beziehung zum Gehörsinn.

- **„5" Jupiter**

Wirkt heilsam auf:
Hüften und Oberschenkel, denn sie entsprechen dem sportlichen Zeichen Schütze, denn sein System ist die Fortbewegung! Deshalb ist Vorsicht vor Hüftgelenksverletzungen geboten, sowie Lumbalgien, Ischias und Hexenschuss. Gutartige Vergrößerungen, Wucherungen - nicht Krebs! Diesem Gestaltungsprinzip wird auch die Leber und Milz zugeordnet. Man setzt sie in Beziehung zu den aufbauenden Assimilationsprozessen im Körper, zur Ernährung und zum Wachstum sowie Ernährungsstörungen.

- **„6" Mars**

Wirkt heilsam auf: Der Wärmehaushalt des Körpers, der Eisengehalt des Blutes und der Arterien, die männlichen Geschlechtsorgane, Bänder, Sehnen und die speziellen Erkrankungen der Muskeln; Rheumatische Arthritis (Weichteilrheumatismus) und entzündliche, d.h. Polyarthritis (Spannungsschmerz). Der Kopf- die Zentrale, in der alle Nervenfasern zusammenkommen, Impulszentrum, Zähne, das Gesicht, die Augen, Katarrhe.

Deshalb ist hier auf Stirn- und Kieferhöhlenentzündungen und- Vereiterungen sowie Heuschnupfen zu achten, denn das Frühjahr ist ein Marssymbol (Widder)

Zu Mars gehören alle entzündlichen Prozesse, wie Fieber, Infektionen, bis hin zur Hirnhautentzündung, aber auch Neuralgien, d.h. Nerven, Kopf und Zahnschmerzen,

Alzheimer Krankheit, die ja oft (durch Wut, alt zu werden und nicht mehr dirigieren zu können) als Zerstörung im Gehirn auftritt. Unfälle und Verletzungen, Verbrennungen und Verbrühungen sind die Folge des Marsprinzips, sowie auch Gallenkoliken.

- **„7" Sonne**

Wirkt heilsam auf: Das Herz- das nervöse Herz (Herzklopfen) bis hin zur Herzvergrößerung, Herzschwäche, Herzerweiterung, Herzverfettung (auch Angina Pectoris)

Das Kreislaufsystem, der Blutdruck, die Puls- oder Schlagader. Man kann z.B. aus leidigen Herz und Kreislaufbeschwerden erkennen, dass man den Mut aufbringen soll, dem zu folgen, was das Herz eingibt. Das Rückenmark, der Sauerstoffhaushalt des Körpers bzw. auch die Vitalität und die Regenerationskräfte im Organismus- aber auch eine organische Über- oder -Unterfunktion, bis hin zu Schwächezuständen und Ohnmachten. Außerdem die Knöchel, Unterschenkel, Krampfadern, Hämorrhoiden, die Gebärmutter, die ja der Sitz der Kreativität ist bis zur Kinderlähmung.

- **„8" Venus**

Wirkt heilsam auf:

Die Organgruppe der paarigen Organe, Mandeln, Eierstöcke, Hoden, Nieren etc.

Bei den Nieren ist zu beachten:

Die linke Niere symbolisiert die unpersönliche(kosmische) Liebe und die rechte Niere hat Bezug zur körperlichen Liebe (Partnerschaft) Sie sind betroffene Organe von bzw. in partnerschaftlichen Konflikte!

Vorsicht bei verminderter Nierentätigkeit! Diese ergibt Melancholie. Außerdem sollte in Verbindung zur Saturnebene der Gefühle (4) auf Nierensteine, Nierengries, Nierensand geachtet werden. Hierzu gehört auch die Thymusdrüse! Mit Mondprinzip (0) gehört hierher auch die unregelmäßige Periode, Hals-Rachenbereich (Stimme), Kehlkopf, Gaumen, Diphtherie, Nasenpolypen, die Sinnesorgane. Das Harn und Blasensystem (Organe der Ausscheidung), Harndrang, Harnverhaltung sowie die Nebennierenrinde (Hormondrüsen), Schweißdrüsen. Zur "8" gehört auch die Bauchspeicheldrüse, die links im Körper liegt; sie verwaltet sinnvoll die Energien - Zucker! = Liebe – Immunsystem. (Pilzerkrankungen!)

- **„9" Merkur**

Wirkt heilsam auf:

Schultern, Arme, Hände die Füße (Hermes- Götterbote = Schnelligkeit)
Bei dieser Schnelligkeit besteht aber die Gefahr von Wunden, Verletzungen und Brüchen an Armen, Händen und Schlüsselbein, das Sprachzentrum, Gehör und Sehkraft
Mit dem Mond (O) zusammen die Gedächtnisfunktion
Spezielle Darmerkrankungen, Bandwurm und die Ruhr,
Mit Venus (8) zusammen die Sinnesorgane, Mit Uranus (3) zusammen das Nervensystem.
Die Atmungsorgane: Lunge, Bronchien, Asthma Bronchiale, Luftröhre und Hustenanfälle.
Der Darm- Mastdarm - Der Darm offenbart die Grundstimmung des Menschen - die Zurückhaltung, oft Ausdruck der Unfähigkeit, Gefühle zu investieren.
Bei Durchfall fühlt sich der Mensch oft in entscheidenden Bereichen dem Leben nicht gewachsen - Er sieht sich durchgefallen, vom Leben oft überfordert, er verzagt, er glaubt im Leben durchgefallen zu sein.
Oft steckt eine strenge "reinlichkeits- bzw. religiös- (hoher Moralkodex!) fanatische" Mutter dahinter, so dass sich das Selbstwertgefühl(8) nicht aufbauen konnte. Hierher gehört auch die Darmverschlingung.

- **„0" Mond**

Wirkt heilsam auf:

Schlaflosigkeit, Neigung zum Schlaganfall, die Brust, die Prostata (d.h. die Milch und Samen Produktion) Schleimhautaffektionen, z.B. die Speiseröhre, Übelkeit, Ekelgefühle, Magengeschwüre. Zusammen mit der Venus (8): Allgemeine Beschwerden mit der Bauchspeicheldrüse.
Der Gemütszustand, Depression, das vegetative Nervensystem (das Gefühlsleben) bis hin zu allen geistigen Krankheiten. Die Gedächtnisstörungen bis ~ verlust. Der Flüssigkeitshaushalt des Körpers - Wassersucht. Die Tränen! - denn Weinen ist wahrscheinlich eine der tiefgründigsten Äußerungen unseres Gefühlslebens. Zusammen mit der Venus - die unregelmäßige Periode.

Das Leben ist wie ein Postbote

Es sendet dir ständig Mitteilungen, die du selbst abgeschickt hast!

Der Postbote ist aber nie verantwortlich für die Botschaft!

Wenn du nun ständig dieselben Einwurfeinschreiben als Mahnungen, mit schmerzlichen Informationsverdichtungen bekommst, betrachte sie bitte als dringliche Zahlungsaufforderungen, besonders wenn der Postbote Sturm klingelt und dir einen Brief vom „Inkassobüro" überreicht, mit: „Schicksal" – Krankheit bzw. Katastrophe (= Eine Not wird so notwendig gemacht dass es zu Änderung kommen muss) - mit Androhung von „Zwangsvollstreckung" überreicht! – und das akzeptiert den Energieausgleich mit „Positivem Denken" bestimmt nicht!

Du bist dem Leben etwas schuldig!

Die Rolle meiner Archelogos - meiner Wesensglieder

So spricht der Große Geist:

„Wie du bemerkt hast, sind meine Ideenbilder, gestaltet, aus Archelogos, die erste ursprüngliche Quelle, von allem, was sich in sichtbarer Form manifestiert und grundsätzlich aus meiner Erregung (Geist – germ: geysir: erregen!) als treibende „Bildkraft" aufgeladen ist.

Alle diese Bilder, ob du diese nun außerhalb von dir selbst siehst oder vor deinem geistigen Auge, sind sichtbare Abbilder einer Idee, die vor der eigentlichen Idee aus dem innersten deines wahren Selbstes kommt. So kommt jegliche Ordnung aus dem innersten meiner Archelogos die quasi im Baukastensystem zu einer individuellen Seele, buntschillernd (*germ. „saiwalos"*) „zusammengebaut" sind!

Wirkungsvolles Visualisieren

Lass dir das richtige Symbol durch zufälliges Ziehen deiner Kartenkopien aus diesem Buch, auf deine Fragen, schenken, atme es visualisierend oft ein und beobachte, was es mit dir macht, welche emotional aufbauenden Filme/Bilder in dir auftauchen bzw. was sich im Außen nach einiger Zeit dadurch ergibt!

Dazu eignet sich die Visualisierung der beschriebenen von Arche-Logos, als Zahlen, Bilder, Engel usw. die ja für dich seine kraftvollen Symbole sind, um seine Kräfte zu erwecken und nicht zuletzt ist ein vielbenannter „Engel" nichts anders als eine personifizierte Energieform die das Göttliche dem Menschen auf Anforderung „zudenkt"!

Wenn ein Symbol, in Form eines gefühlsbeladenen Bildes wirkt, dann wird es Wirklichkeit. Visualisierung verwandelt und verändert dich.

Wie schon früher erwähnt, teilt der Geist mit dem Symbol, dem Bild, das Phänomen des Dynamischen, d.h. diesem wohnt eine treibende, sich verwirklichen wollende Kraft inne. Deshalb ist das Symbol ein Instrument, das ein Bewusstsein konzentriert nutzt, um sich in der spezifischen Realität zu manifestieren.

Mit einer ständigen konzentrierten Visualisierung mittels eines dich innerlich berührenden Symbolbilds schaffst du dir einen Kanal zum schöpferischen Potential deiner Seele!

Visualisierung ist nicht eine Angelegenheit des Verstandes. Visualisierung und die damit verbundene Emotion nimmt die Ganzheit deines Lebens mit in das Erleben hinein und dann wirst du empfänglich für seine Qualitäten und sein äußeres Erleben.

Die Visualisierung eines Symbols, eines Bildes, baut die ihm innewohnende Qualität in deinem Bewusstsein auf. So veränderst du deine innere Haltung und deine äußeren Verhaltensweisen.

Du machst neue Erfahrungen mit dir selbst und in deinem Leben mit neuen adäquaten Situationen. Deine Persönlichkeit und Erkenntnisfähigkeit entfaltet sich, und deine Handlungen werden davon beeinflusst.

Nutze die Möglichkeiten der Veränderung in deinem Inneren. Bediene dich der Kraft des Symbols. Die Tür zu einem neuen Bewusstsein öffnet sich. Du erhöhst die Schwingungsebene deiner erfahrbaren seelischen Energie. Eine neue Bewusstseinslage wird erreicht.

Dieses Symbol dient als Betrachtungsobjekt für Visualisierungsübungen. Wenn du damit dein konzentriertes bewusstes Visualisieren übst, dann entdeckst du bald, dass diese Übung auch Auswirkungen auf dein tägliches Leben hat.

Die Visualisierung wirkt nicht nur entspannend, sondern du verstärkst vor allem dein Konzentrationsvermögen und deine Kreativität. Das wirkt sich auch sehr fördernd auf deinen Erfolg aus.

Merke:

Wo die Konzentration ist, da ist meine Schöpfungsenergie!

Die Kraft der Konzentration ist nicht nur der Schlüssel zu den vielen verborgenen Inhalten deines Unbewussten, die du zu Rate ziehen könntest. Bewusste Visualisierung von Archelogos führt dich zum tiefen Erleben der Wirklichkeit der Psyche.

Du verinnerlichst das Symbol bzw. das damit verbundene gefühlsbeladene Zielbild und wirst mit seiner Qualität ganz eins. Du integrierst das Unbewusste immer mehr in das Bewusste.

Wenn du so ganz bewusst lenkend in deine bisher unbewussten Projektionen eingreifst, dann entdeckst du die vielen Möglichkeiten der Wandlung, die in dir ruhen. Und so vollzieht sich der Prozess deiner Ganzwerdung in ein erfülltes Leben in vielen Schritten.

Visualisieren und Imaginieren mit den beschriebenen Kraftsymbolen löst im Laufe der Zeit transformierende Energieprozesse in dir, hin zu deinem eigentlichen Selbst aus, was sich in den dich umgebenden Situationen eine harmonisierende Veränderung hervorruft.

Deine Imaginationen erhalten die Lebendigkeit, dafür wird die Gefahr der Routine und der Abstumpfung deines äußeren und inneren Lebens vermieden. Du bist dann besser in der Lage dein Leben schöpferischer aus dir heraus zu gestalten. Nur wenn du ständig das Visualisieren übst, verfeinert sich die Bewusstseinsqualität des Symbols. Dein schöpferisches Vermögen, intensive mit Gefühlen beladene Bilddarstellungen zu imaginieren, wird gesteigert.

Dies erfolgt durch den Prozess des Beobachtens, also durch die mit den Augen sich vollziehende und wiederholende Aufnahme und das anschließende Vorstellen des Archelogos mit geschlossenen Augen. Dies wird als „Erschaffendes Visualisieren" bezeichnet. Die Kraft eines visualisierten Symbols und die damit verbundenen Qualitäten und entstehenden Bildern werden intensiver erfahren und damit wachsen die Bewusstseinsqualität und dessen Resonanz im Außen, die du vom Symbol her erfahren kannst.

Dein Bewusstsein als der Ausdruck meines Seins ständig im Fluss. Du hast die Möglichkeit, die Richtung deines Bewusstseins zu lenken. Davon machst du bereits bei der Visualisierung Gebrauch.

Durch das bildhafte Erleben aus den Bild/Zahlenlogos gelangst du über das begriffliche Denken hinaus und machst direkte innere und äußere Erfahrungen.

Sie verstärken deine Fähigkeit, sich auch Dinge ohne eine Vorlage vorzustellen, oder dir aus meinen psychischen Tiefen bildhafte Qualitäten als Botschaft schenken zu lassen.

Deren Entsprechungen findest du bzw. begegnen dir dann im Äußeren!

Was du dann bei der schöpferischen Visualisierung siehst, sind diese Projektionen meines eigenen Geistes. Es ist deine und meine eigene Schöpfung. Es ist das Produkt unseres Bewusstseins.

Diese Welten, als mein kreatives unerschöpfliches Potential liegen bereits in dir. Durch Training kannst du diese ins Bewusstsein heben. Diese Projektionen deiner inneren Geisteswelt, deines Gemütes sind meist ein unbewusster Vorgang. Es ist eine natürliche Funktion der Psyche, um äußere Darstellungen zu kreieren und durch mich zu formen. Durch schöpferische Vorstellung sind große Kunstwerke und bedeutende Entdeckungen gemacht worden.

Auch in dir liegen große schöpferische Kräfte. Imaginieren mit starken Gefühlsintensitäten bzw. „Denken im Herzen" hilft dir, noch intensiver mit der Kraft eines Symbols, Zieles, Wunsches eins zu werden und deine Kräfte nicht zu unterdrücken, sondern bewusst zu lenken. Indem du diese Bilder und die damit verbundenen Gefühle einmal anfängst bewusst zu betrachten, erkennst du bald recht deutlich, wie die Spiegelung deiner inneren Wirklichkeit von der äußeren Wirklichkeit getragen wird.

Erfülle Dein Leben mit einer aufbauenden Erwartungshaltung und präge dich durch das Arbeiten mit den Symbolen neu. Sie sind Möglichkeiten der Gestaltung deiner Welt aus deinem Bewusstsein!

Achtung! - Der Weg ist das Ziel? – Nein!

Nicht nur der Weg kann das Ziel sein, sondern genauso wichtig ist die Empfindungseinstellung auf einem Weg, der auch in Umweg sein kann und oft entscheidend ist für deinen Erfolg und da kannst du immer etwas ändern und auch dein Leben!

Das eine ist das Gehen und Tun, das andere ist die Gestaltung des Weges aus dem Bewusstsein über die Kraft der Symbole aus dem Lebensbaum!"

Über die Imagination sagte Paracelsus:

„Der Mensch besitzt eine sichtbare und eine unsichtbare Werkstatt. Die sichtbare, das ist sein Körper, die unsichtbare, das ist seine Imagination (Geist) ... Die Imagination ist die Sonne in der Seele des Menschen... Der Geist ist der Meister, die Imagination sein Werkzeug und der Körper das formbare Material ... Die Macht der Imagination ist ein bedeutender Faktor in der Medizin. Sie kann Krankheiten verursachen... und heilen. Krankheiten des Körpers können mit Hilfe von Arzneien geheilt werden oder dank der Macht des Geistes, der durch die Seele wirkt." (E. Hartmann: Paracelsus: Life and Prophecies- S. 111-112)

Erläuternde Hinweise und Praxisbeispiele

Das gefühlsmäßige Erlebnis von Archelogos, Zielbildern und den damit verbundenen Visualisationen von Zahlensymbolen mit den dazugehörenden Glaubenssätzen erschließt dir neue Wirklichkeiten. Dazu gebrauche und über die Fähigkeit, zu visualisieren und zu imaginieren, also zur bildhaften Vorstellung. Visualisieren ist bildhaftes Vorstellen eines Gegenstandes oder einer Bildvorlage, hier nachfolgend auch neben den Zahlen - die Engelstrigone des Lebensbaumes, die deine Seele berühren und erregen.

Imagination ist schöpferisches bildhaftes Vorstellen.

Wenn du das Symbol vor deinem inneren Auge entstehen lassen kannst, so wirst du empfänglich für seine geistige Qualität.

Zahlensymbole, die dich gefühlsmäßig stark berühren, öffnen Türen zu neuen Bewusstseinslagen. Du entwickelst neue Eigenschaften und erschließt dir neue Erlebnisqualitäten, wo du dein Leben leichter und kreativer meistern kannst.

Die Kraft des Symbols wandelt dich!

Suche dir ein bildhaftes Symbol, bzw. ziehe es durch Zufall aus den Karten, das dich tief berührt, das dich innerlich gefühlsmäßig aufbaut, mit dem du bestimmte Erlebnisqualitäten verbindest.

Gehe damit auf Resonanz, indem du dieses Symbol ständig in deinem Blickfeld hast. Konzentriere dich öfter auf das Symbol, spüre die Eigenschaften bzw. deren gefühlsmäßigen Inhalt.

Erkenne, dass jedes Bild oder ganz speziell und besonders jede Symbolform ein gezieltes Tor zu großen Kräften der Archelogos, mit ihrer eigenen schöpferischen Bewusstseinsqualität darstellt.

Allein beim hingebungsvollen und intensiven Betrachten eines solchen Symbols wirst und lässt du dich davon „ be-‚eindrucken'. Etwas wird in dich von mir hineingebracht, bzw. aus anderer Sicht werden psychische Kräfte aktiviert, die dich verändern und damit zeitversetzt dein äußeres Sein beeinflussen.

Du kannst es mit Unterstützung von entsprechender, diese Kraft unterstützende Musik stärker und stärker in dir wecken. Sei einfach ganz offen, die gewünschten Ergebnisse in irgendeiner Form in dein Leben treten zu lassen.

Gebe dir Zeit und versteife dich nicht auf ein konkretes Ergebnis, sondern sei mit gespannter Freude bereit zu erkennen, in welcher Form sich diese Eigenschaft in deinem Leben hoffentlich mit der Absicht „zum Wohle Aller" zeigen wird.

Um erkennen zu können, welche Kräfte unser Denken, Fühlen und Handeln primär bestimmen, eignen sich in besonderer Weise auch die „Engelstrigonmeditationen" aus dem Buch des Autors „Engelscoaching", deren Themen sein können:

Krankheit, Lebenseinstellung, Selbstvertrauen, Liebe, Freiheit, Verantwortlichkeit, d.h. alle Existenzthemen, die ein erfülendes Leben ermöglichen bzw. bestimmen. Der methodische Verlauf dieser Imaginationsform wird im Weiteren an Beispielen aufgezeigt!

Darüber hinaus könnte man sich vielleicht vor einer Arbeit mit den Engeln mal ein wenig mit Traumsymbollliteratur oder Imaginationstherapien (*Vgl. Äppli: Imagination und Symboldeutung!* –*Knaur oder Axel Englert: Merlin lebt - BoD*) beschäftigen, da die Symbolbilder, die aus den Zahlensymbolen auftauchen können viel über die internationale Sprache von Symbolen verraten, die meditativ aus dem Inneren entstehen!

Nach einer klaren Formulierung deines Problems bzw. Frage und welches Symbol mit seine Kraft dafür heilsam ist, wende dich also immer erst nach einer Entspannungsphase ins Innere gehend, deiner zufällig gezogenen Zahl zu. Betrachte es quasi einatmend und lass spontan seine Bildbotschaft mit seine Heilungs~ /Lösungskraft vor deinem geistigen Auge erscheinen.

Lass dir dabei Zeit und zensiere das spontan auftauchende Bild mit seinen Darstellungen über den Verstand nicht!

Lass den Film dabei laufen!

Wichtig ist auch, diese heilbringenden Bilder spüren zu lassen, sich ein zu fühlen, da diese Gefühle mit ihren aufbauenden Stimmungen ja den Glauben stärken und das Heilbringende „Wesentliche" sind!

Wende dich also immer erst nach einer Entspannungsphase ins Innere gehend unter Anrufung von „magischen Zahlensymbolen" und lass spontan ihr darin entstehendes Bild vor deinem geistigen Auge erscheinen. Lass dir Zeit, zensiere das spontan auftauchende Bild/Film mit seiner Person über den Verstand nicht!

Das Wichtigste ist dabei auch, seine heilbringenden Bilder spüren zu lassen, sich einzufühlen, da diese Gefühle mit ihren aufbauenden Stimmungen den inneren Halt und die Heilungsresonanz stärken und das heilbringende „Wesentliche" sind:

---

1. Intuition: Das zielführende Bild mit der Thematik aus dem Inneren, das durch die Symbolik aufsteigt.

2. Gefühl: Das dabei Empfundene - Was es wert ist.

3. Der „Ich bin..." - Satz, der alles erhebt und einschließt!

Der Dreiklang der Bewusstseinsebenen (C.G. Jung)

- Die Empfindung stellt fest, was tatsächlich vorhanden ist.
  (Das Greifbare)

- Das Denken ermöglicht uns zu erkennen, was das Vorhandene
  bedeutet,

- Das Gefühl, was es wert ist, wobei der Verstand diese rational
  in seine Situationen einordnen muss

 - Die Intuition weist auf die objektiven Möglichkeiten des
   Woher und Wohin, die im gegenwärtig Vorhandenen liegen.

Lass dich nun inspirieren bei deiner Manifestationsarbeit aus deinem
Bewusstsein!

Suche deine Herzens- Archelogos, die du mit deiner Bedeutung
auflädst.

Erregt warte ich darauf, in und auf meine erschaffenden Zahlen-
Archelogos zu reagieren und zu agieren!

„Wer sucht, soll weitersuchen, bis er findet.
Und wenn er gefunden hat wird er bestürzt sein
Und wenn er bestürzt ist, wird er staunen,
und er wird über das All herrschen.“
(Thomasevangelium)

Anwendung in zusammengefassten Praxisbeispielen:

Beispiel: Zahlensymbol „0"

Ein Mann war auf seiner Brust durch explodierendes heißes Racklet-öl schwer verbrannt worden. Natürlich befand er sich nach einem Jahr Klinikaufenthalt in medizinischer Behandlung, wo die Narben mit Laserstrahlen behandelt wurden, um sein Äußeres wieder ansprechender zu gestalten. Auf einem Seminar sprach er mich an, ob ich vielleicht durch die Aktivierung der Selbstheilungs-kräfte die medizinische Behandlung der Brustnarben noch unter-stützen könnte. Sein psychosomatisches Leiden war diagnostiziert als „Narzisstische Störung"

Über die entsprechenden entsprechende Bildkarten „0" und „9" und der Frage: „Was heilt", wurde „zufällig" die „Null" gewählt. (Geborgenheit, Akzeptanz, Selbstannahme)

Meditativ dieses Bild einatmend, ließen wir uns durch das magische Symbol dieses Zahlenbildes ein „Heilungsbild" geben:

Es war eine große Bienenwabe, in der eine große Biene ihren Honig einbrachte und damit die Wabe füllte. Es fühlte sich schützend an, warme Geborgenheit vermittelnd.

Dieses Bild wurde in mehreren Imaginationssitzungen auf die verbrannte Haut projizieren. Er selber, verschmolz in diesem Bild mit dem Krafttier „Biene", das er sich in seiner Wertimagination gege-ben hatte und füllte emsig als Biene die Waben mit dem erbetenen fließenden zähflüssigen gelben Honig, als „Heilungslicht" empfunden, mit dem er sich mehr und mehr „auflud"!

Es war unglaublich! - Innerhalb von sechs Wochen besserte sich, für die Mediziner unerklärlich sein Hautbild entscheidend!

Wichtig ist dabei immer wieder als begleitende Anweisung bei allem was man tut, bei jeder Verrichtung und Handhabung (Kaffee kochen, Schreiben, etc...) Bild, Symbol und Gefühl hervor rufen mit:

„Ich bin erwünscht – Ich bin stolz auf mich" und lasse das Gefühl zu!"

Beispiel: Zahlensymbol „2"

Eine Klientin litt seit Jahren an rheumatischen Schüben und zeit-weiser Schilddrüsenüberfunktion. Sie wuchs in einem spannungsreichen, konflikt-beladenen Elternhaus mit eigentlich unvereinbaren Partnern auf, die anein-ander nicht wachsen wollten oder konnten.

Ihre Krankheiten waren so das Ergebnis eines Lebens in den unver-einbaren Themen des Konfliktfeldes!

Mannigfaltige Besuche bei Psychologen mit ausschließlichen auf-deckenden Gesprächen ohne tiefenpsychologische Arbeit und Rheumakuren brachten zeitweise nur Erleichterung.

Ihre berufliche Arbeit als Angestellte im Jugendamt litt darunter, da auch von jeglicher Förderung ausgeschlossen!

Nach einer kurzen Phase der Entspannung bat ich sie an ihre Krankheiten zu denken und sich wie bei den anderen Beispielen die Frage zu stellen:

Was heilt mich!

Dann bat ich sie, sich eine Zahl zwischen „0 und 9" aus den Zahlen-bildern geben zu lassen.

Sie zog „zufällig" die Zahl „2" mit den Themen Vertrauen, Glaube an sich bzw. intuitive Verbundenheit mit der Seele und an ihre kreativen Visionen glauben.

Beim meditativen Betrachten der Karte sah sich auf einer großen grünen Wiese stehen – Dort stand in der Mitte ein großer Baum – Ich ließ sie näher gehen. Der Baum strahlte und vermittelte Stärke und Größe, hatte dicke Wurzeln (Erdung und Realitätsbezug ist vorhanden), aber die Krone mit dem Blattwerk war grüngelb! – was heißt:

Ich gesteht sich keine Entfaltungsmöglichkeit zu, glaubt nicht an sich – fühlt sich nicht wert, das „Sonnenlicht" zu empfangen um fruchtbar sein zu können *(Fühlt sich nicht würdig, von Gott geliebt zu werden)*.

Beim Umrunden des Baumes entdeckten wir unten am Ansatz des Stammes eine große Verletzung aus der ständig Harz (untere Stelle des Baumes, d.h. frühkindliche Verletzung) tropfte!

Sie wusste nicht, was zu tun war und ihr Herz klopfte.

Ich ließ sie den Baum fragen:

„Was brauchst du lieber Baum? - Ich will dir helfen"

Zugleich entstand aus dem nichts ein „luftige Elfe", mit einem „Zauberstab" in der Hand, die meine Klientin anblickte. Aber weiter geschah nichts.

Ich ließ sie nun in die Elfe einfühlen und ihre Energie spüren und half ihr, diese mit drei Begriffen ausdrücken:

Ich bin „Vertrauen, Zuversicht und Stolz auf mich"!
- war die gefühlte Antwort.

„Atme es ein", gebot ich ihr – in deinen ganzen Körper – Erfülle dich damit, immer stärker – Atme weit und lasse es zu!"

Sie atmete sich so wirklich in immer größeres „Wohlbefinden" mit gefühltem:

„Ich bin erwünscht – Ich bin stolz auf mich"

und sie ließ das Gefühl zu!"

Auf einmal nahm die Elfe den Zauberstab, hielt ihn kreisend, an die Baumwunde (ihre symbolische Krankheit) und langsam schloss sich die Wunde.

Es fühlte sich wunderbar an und der Baum begann zu blühen, die Blätter wurden grün und die Krone weiter und größer, sich dem Himmel entgegenstreckend.

Ich ließ sie solange in diesem gefühlten Wachstumsprozess, bis er augenscheinlich abgeschlossen war.

Danach ließ ich sie sich bei der Elfe bedanken und versprechen sich so oft wie möglich in dieses Finalbild einzufühlen und damit zu arbeiten. Die Elfe bedeutete ihr, dass sie dabei immer gerne dabei wäre, wenn sie gerufen würde!

Wichtig war dabei immer wieder, als begleitende Anweisung bei allem was sie tut, bei jeder Verrichtung und Handhabung (Kaffee kochen, Schreiben, etc...) Bild, Symbol und Gefühl hervor rufen mit:

„Ich bin erwünscht – Ich bin stolz auf mich"

Nach ca. drei Wochen verschwand das Rheuma zusehends. Sie fühlte sich gesund und ergänzte ihre aufgenommene Arbeit noch durch die Tätigkeit eines „Therapieclowns" für behinderte Kinder!

Beispiel: Zahlensymbol „8"

Eine 43- jährige Frau kommt mit Zystenbefall der Gebärmutter, die stoßweise ausbluteten, in die Praxis. Zwei Wochen später sollte die Totaloperation erfolgen. Sie hatte riesige Angst vor dem Verlust ihrer Weiblichkeit. Sie bat um psychologische Hilfe.

Auch hier möchte ich mir die Erläuterung der Psychodynamik der Krankheit ersparen und auf die Imaginationsarbeit eingehen.

Hintergrund:

Streng konfessionell gläubige Mutter, ständig ihre aufkeimende Weiblichkeit bemängelte:

„Nicht nackt herumlaufen dürfen, ständig stark verhüllende Klei-dung tragen, Sex sei unanständig- und man müsse es aufheben für den Richtigen - Als sie den ersten Lippenstift auftragen wollte, bekam sie Prügel."

Zuerst ließ ich sie u.a. innerlich die Frage stellen:

Warum habe ich diese Krankheit – Was ist da blockiert?

Aus dem Inneren entstand über das gezogene Zahlensymbol „8" (Weiblicher Selbstwert!) folgendes Heilungsbild:

Sie nahm eine steinerne Landschaft wahr, die übersät war mit schwarzen Felsenspitzen aus Granit. Alles erschien depressiv und staubgrau.

Nach weiterer offener Beobachtung, über den weiten bewussten Atem, geschah das wunderbar Heilende:

Die trockene Landschaft begann mit massiven Regenfällen wieder grünen. Sie bekam den feuchten angenehmen Geruch von Gras und innerer Geborgenheit und Ruhe, die ich sie minutenlang einatmen und erstarken ließ.

Desweiteren arbeiteten wir natürlich an ihren pathologischen Beziehungs-mustern.

Das Ergebnis war, dass die Zysten aufhörten zu bluten und schrumpften und eine Totaloperation zum Erstaunen der Ärzte nicht mehr nötig war. Der sich positiv verändert habende Röntgenbefund war für sie nicht zu erklären. Keine Operation war mehr notwendig!

Als Hausaufgabe bekam sie, sich in dieses Heilungsbild immer wieder hinein zu atmen, wann immer sie es konnte.

„Ich bin liebenswert und lasse das Gefühl zu!"

Die Schlange als Heilungssymbol

Es ist schon wundersam, dass eine eherne Schlange, die aufgerichtet wird, dem Volke zum „Anschauen aufgerichtet" - Heilung von seinen Krankheiten versprechen soll.

Seit dem Mittelalter wird die Schlange durch die falsche Interpretation der biblischen Genesis mit dem Teufel als dem Bösen und dem Vater aller Lügen gleichgesetzt, indem sie Eva dazu überredete, die Frucht vom Baum der Erkenntnis zu essen, wodurch sie das Bewusstsein von Gut und Böse erhielt.

Die Schlange ist der Fürst der Welt, mit Luzifer assoziiert, dessen Name von „Lux fere" (lat.) Lichtträger" abgeleitet ist. Als herabgestiegener (nicht gefallener Engel!), umfasst sein Blick die gesamte Bandbreite von Licht und Dunkelheit, um durch die Dunkelheit von ihm inszenierten misslichen Situationen das Licht im Menschen stärker zu erhellen, um ihn quasi zu mehr Erkenntnis seiner „Selbst" zu ermuntern.

Abbildungen von der Schlange findet man in zahlreichen alten Kulturen, so in Indien, Ägypten, Chaldäa und China, aber auch bei den Mayas, Juden und Christen. Die Schlange war das ideale Symbol für Unsterblichkeit und Selbsterneuerung, indem sie die Fähigkeit zu fortgesetzter Verjüngung verkörperte, entweder im gegenwärtigen Leben oder in einer Abfolge von Reinkarnationen. Sie verkörperte im zyklischen Abwerfen der Haut, in der regelmäßigen Häutung eine Metapher für die einzelnen Lebensphasen von Geburt, Tod und Neubeginn.

Als ewige Fortsetzung des Lebens symbolisiert die Schlange die Manifestation der Erneuerungskraft auf jeder universellen Ebene.

Die Symbolik von Schlange und Drachen wurde der Bilderwelt der Initianten, der Adepten, Hohepriestern und Meister der Weisheit entnommen.

Sie waren die Hüter der Geheimnisse der Erde und des großen Mysteriums der inneren Wege von "Neueinkleidung und Wiedergeburt in die universellen Mysterien und mystischen Geheimnisse, die den Menschen über die profane materielle Ebene hinaus die Bereiche seiner geistigen Herkunft wieder bewusst machen wollten.

Die Schlange wurde als der erste Lichtstrahl verstanden, der aus dem Abgrund des göttlichen Mysteriums hervorbrach, und der Schlangenpfad könnte uns zum strahlenden Licht zurückführen.

Symbole, von Weisheitsschlangen, Drachen oder die „Söhne" von Schlangen, benutzten die Hohenpriester Ägyptens, Babyloniens und Indiens, Adepten aller Kulturen für ihre Heilungsarbeit.

Die Druiden sagten von sich: "Ich bin eine Schlange". Die „geflügelte Schlange" der Mayas symbolisierte allumfassende Weisheit, und der Quetzalcoatl der Inka war eine gefiederte Schlange, die den Menschen die Künste und die Zivilisation schenkte.

Der Weisheitsdrache repräsentierte den Logos oder die himmlischen spirituellen Lehren der alten Religionen, deren erneuernde Kraft durch den Aufstieg der sogenannten Kundalinikraft im indischen Raum, aus den unteren Chakras zum höchsten spirituellen Sahasrachakra gestärkt werden konnte.

In Ägypten trugen die Pharao-Adepten und Initianten den Iräus, das Zeichen der Schlangenkrone der höchsten Macht. Der Osiris-Mythos erzählte von seiner Zerstückelung durch die Schlange Set/Typhon, Symbol des zersplittert werdens, durch seine unterdrückte dunkle Seite und seines schwarzen „Schatten-Selbst" (unbewusste bzw. unerlöste Themen), bevor er durch die Magie der Isis Wiedergeburt und Erneuerung erlangte - eine Allegorie für alle Prüfungen, die die Adepten zu bestehen hatten.

Moses, der Hebräer und Abkomme des Stammes der Levi, lernte nun offensichtlich bei der ägyptischen Priesterschaft. Sein Stab war umwunden von bronzenen Schlangen, die sein Wissen von den magischen Geheimnissen der Zeugung und der Macht der phallischen Symbole bezeugten.

Die jüdische Kabbala mit ihrem Baum des Lebens enthalten nun den „Blitzschlag" des göttlichen Abstiegs von Kether – „Zahl 1" (göttliche Weisheit/ Wille) zu Malkuth „Zahl 6" (Erde), der auch als Schlangenpfad der Weisheit bezeichnet wird (Siehe „1-6 Achse").

Im Schlangenstab der alten Alchimisten winden sich zwei Schlangen in inniger Umschlingung als Heilssymbol des Gleichgewichts und der Integration auf jeder Ebene. Er repräsentiert die harmonische Einheit von Geist und Materie, die Vermittlung zwischen den Ebenen und das Versprechen von Transzendenz durch Wissen um den zweifachen Pfad von Schwarz und Weiß. Äskulap, der griechische Gott der Heilung, und Hermes/Merkur besaß diesen Stab, der auch die Lehren über Fruchtbarkeit, Schutz und Erneuerung einschloss, mit denen sich die Alchimisten intensiv beschäftigten.

Hermes war ein Botschafter der Götter, der die Kreuzwege überblickte und die Seelen in die Unterwelt hinein- und wieder hinausgeleitete. Sein „phallischer" Stab schlug eine Brücke zwischen dem Bekannten und dem Unbekannten und vermittelte eine spirituelle Botschaft der Rettung und Heilung durch \Wiedergeburt, indem die Pforten zum Himmel sich öffnen, wenn sich „Unterwelt" und Erde miteinander verbinden.

Selbst in der DNA-Doppelhelix-Spirale unseres individuellen und kollektiven genetischen Codes findet sich das ineinander gewobene Schlangenmuster. Die moderne Forschung, die an einer Aufzeichnung des vollständigen menschlichen Genoms arbeitet, soll uns Informationen für eine lebensverlängernde Medizin liefern, da man hofft, dadurch die genetischen Ursachen von Krankheit besser erkennen und latente Krankheitstendenzen minimieren zu können.

Die DNA-Struktur wurde in einem Traum erkannt, in dem das allumfassende Unbewusste (Gott) die schlangengleiche Spirale projizierte, welche den Schlüssel zu wissenschaftlicher Erkenntnis und zur Erforschung der Genstrukturen und deren Wirkungsweise maßgebend beitrug.

Auch in der Heilungsarbeit mit den Chakren und Mantren assoziieren sie nun recht deutlich die aufsteigende Chakrenenergie in Schlangenform, bis ins fünfte Chakra, dem sogenannten „Scheitelchakra"!

Er ist der Mercurius, dem Götterboten, der die Energie der Chakren dann hochtransformiert in das spirituelle Dreieck des Horusbewusstseins, mit dem Symbol der geflügelten Sonnenscheibe, dem Symbol der alten Ägypter, des göttlichen Bewusstseins!

Es ist der Stein der Weisen und beinhaltet die magischen Worte:

„Ich bin die Erkenntnis meiner Göttlichkeit"

Die Schlange der Heilung

„Ich bin die Sonne meines Lebens"

„Ich bin die Erkenntnis meiner Göttlichkeit"

„Ich bin die Erfüllung meiner Wünsche."

„Ich bin die Einheit in der Zweiheit"

„ Ich bin das Rad - Ich bin die Mitte"

„Ich bin in der Einheit meines Seins."

„Ich bin eine Rosenknospe"

Die Symbolik der „ehernen Stange"
„1-6" Achse
Genannt auch „Hermesstab" oder „Caduceus"!

Hinweis: Um überhaupt einmal mit seiner Mitte in Verbindung zu kommen, kann auch zunächst öfters eine meditative Verbindung mit dem Geistpol gesucht werden, auch über die Gesichtssignatur!

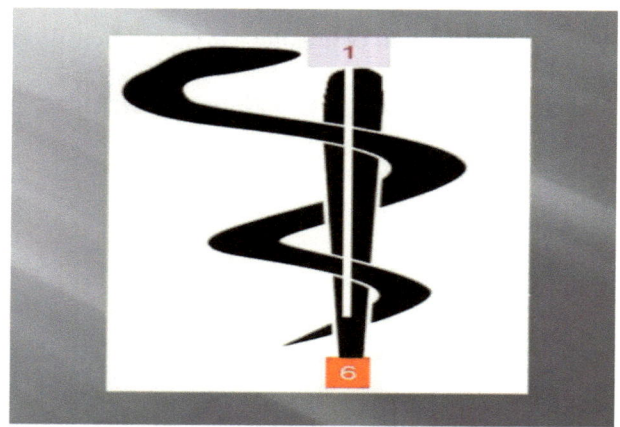

Aktivierung der Zahlentrigone am Gesicht
„1-6" (Scheitel – Kinn)

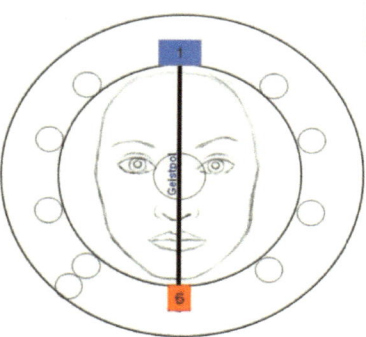

Stabilisierende und heilsame Wirkung auf die Wirbelsäule!

Die 1-6 Achse

Der Stamm – der Stab – die „eherne Stange" - Das Rückgrat

„Da kamen sie zu Moses und sprachen: Wir haben gesündigt, dass wir wider den HERRN und wider dich geredet haben. Bitte den HERRN, dass er die Schlangen von uns nehme. Und Mose bat für das Volk. Da sprach der HERR zu Mose: Mache dir eine eherne (metallene) Schlange und richte sie an einer Stange hoch auf.
Wer gebissen ist und sieht sie an, der soll leben. Da machte Mose eine eherne Schlange und richtete sie hoch auf. Und wenn jemanden eine Schlange biss, so sah er die eherne Schlange an und blieb leben."
(Bibel, 4. Buch des Moses, Kapitel 21, Verse 4 bis 9)

Welche Kraft steckt nun im Symbol der „1-6"- er Stange?

Die „1-6" Polarität zeigt symbolisch die Grundspannung zwischen Geist und Körper, also geistige „göttliche Absicht" versus menschliche materielle Verwirklichungskraft mit dem menschlichen Willen an. Sie steht in der körperlichen Deutung für die Wirbelsäule und zeigt das „Rückgrat", den inneren Halt, die Haltung des Individuums an. Äußerlich wirken diese Menschen dann selbstbewusst und dynamisch, sich grundsätzlich durchsetzen könnend, im Leben („6") - mit der reflektierten Starkstromspannung des Geistigen („1").

Das zeigt sich vor allem in den Geschichten von Moses und den Israeliten, wo Moses das Kraftsymbol des Stabes (Stange!) oft nutzte, um sich und sein Volk aus Miseren zu befreien!*

*(z.B. 4. Moses 20,11- „... und Moses erhob seine Hand und schlug den Felsen mit seinem Stab zweimal; da kam viel Wasser heraus, und die Gemeinde trank und ihr Vieh" ... Moses 17 ff, Moses 7-8-25 - 2.Moses 13, 17-14,31)

Der Stab bzw. die eherne Stange ist ähnlich dem Stamm eines Baumes zu sehen!

Ohne diesen Stamm kann der Baum seine Krone mit seinen Blättern - den Wesensgliedern - den Zahlensymbolen - nicht aufrecht erhalten. Er gibt seiner Gestalt Form und aufrichtende Struktur und lässt die notwendigen Kräfte zum Wachstum fließen! Er sorgt dafür, dass seine Blätter die notwendige Kraft des geistigen Lichtes – des Göttlichen (die Zahl „1") - empfangen können, genauso umgekehrt durch seine Wurzeln, die er in die Erde treibt, um aus ihr die stoffliche Nahrung bekommen (die Zahl „6"), um als Baum sich entfalten und wachsen zu können.

Die Achse - der Stamm- können so existieren und in der Form als „Lebensbaum" erst sichtbar werden. Symbolisch steht dieser Baum als Symbol auch für das psychische Rückgrat und die materielle Wirbelsäule des Menschen, die seine Existenz, als individueller Baum seines Lebens, ermöglichen!

Von seiner „Krone", dem Kopf, dem geistigen Zentrum, kommt bzw. fließt göttliche und eigene Erkenntnis (Licht") ein. Sein Körper, der Stamm („1-6") mit seinen Wurzeln, beschafft dabei die stoffliche Nahrungsaufnahme!

Beides zusammen, der Geistpol („1") ermöglichen Lebendigkeit, Kraft und körperliche bzw. geistige Stärke im Kraftpol („6")!

In der Imaginationsarbeit über diesen Stamm bzw. dem beschriebenen Lebensbaumsymbol „1-6" kann das sehr gut geweckt, gespürt und verwirklicht werden, mit der kraftgebenden Erfahrung.

Hinweis: Um überhaupt einmal mit seiner Mitte in Verbindung zu kommen, kann auch zunächst eine öftere meditative Verbindung mit diesem Geistpol „1-6" gesucht werden mit dem Mantra:

„Ich Bin" das Licht – „Ich Bin" die Wahrheit!"
„Ich Bin" die Stärke – „Ich Bin" die Lösung all meiner Probleme!"

Imaginationsarbeit mit einem Klienten
in seiner meditativen Arbeit
über die Symbolik der „1-6" Achse (eherne Stange!)

...Ich befinde mich im Zustand vollkommener innerer Stille. Seit einigen Tagen bin ich im Gebirge unterwegs und fühle eine tiefe und stärkende Verbindung zur Natur. Hier in der Schönheit der Bergwelt, in der Klarheit und Frische finde ich Frieden.

Die Weite des tiefblauen Himmels wirkt befreiend und ich atme tief durch. Im goldenen Licht der Morgensonne steige ich zum Gipfel des Berges hinauf.

Warm angezogen wandere ich über schneebedeckte Flächen, die das Sonnenlicht blendend weiß reflektieren. Ich habe den Eindruck, durch pures, gleißendes Licht zu gehen.

Leichtfüßig wandere ich weiter hinauf und ein leuchtendes Wärmegefühl erfüllt mich. Zu meinen Füßen funkeln und glitzern die Schneekristalle und jeder Schritt sinkt weich in den frischen Schnee ein...Noch ein letztes, steiles Stück, und ich bin auf dem Berggipfel angekommen.

Auf diesem Berggipfel erhebt sich ein prachtvoller Tempel. Schimmernd weiß wie eine Perle scheint er aus dem Schnee herauszuwachsen, wunderbar verziert mit Ornamenten, Rundbögen und Säulen, gekrönt von einer hohen Kuppel, die majestätisch in den Himmel emporragt.

Mit einem Gefühl der Ehrfurcht steige ich die weißen Stufen des Portals hinauf und betrete den Tempel. Der hohe Innenraum ist sehr klar und schlicht gestaltet und umfängt mich mit einer Atmosphäre von lichtvoller Stille.

Hoch über mir erblicke ich die Kuppel des Tempels, dessen Spitze von einem großen Kristall gebildet wird.

Durch diesen Kristall fällt das Licht der Mittagssonne wie ein gebündelter Strahl aus der Mitte des Tempels hinab. In diesem gleißenden Lichtstrahl lasse ich mich nun zur Meditation nieder.

Das Sonnenlicht strahlt hell auf meinen Scheitel und mit einem tiefen Atemzug öffne ich mich dem weißen Licht, das mich innerlich reinigt.

Mein Kopf ist ganz wach und klar, von gleißendem Licht durchstrahlt. Ich nehme die Kraft und Klarheit meines Geistes wahr, der sich in grenzenlose Weiten auszudehnen vermag, frei von Raum und Zeit.

Sanfter, tiefer Frieden erfüllt mich. Ich ruhe in mir, wie in einer leuchtenden Oase der Stille.

Mein göttliches Selbst ist friedlich und Frieden erfüllt mein Denken und erfüllt mein Inneres. Meine Gefühlswelt ist warm und liebevoll.

Mein Brustraum ist weit und frei, durchstrahlt von klarem, goldenem Leuchten. Es ist ein Gefühl, als sei die Sonne in mir aufgegangen und ich fühle eine Liebe zu mir, die sanft und zärtlich von meinem Herzen ausgeht. Mein ganzes Wesen ist irgendwie Licht, ein strahlendes, göttliches Lichtwesen.

…. Voller Dankbarkeit verlasse ich den Tempel wieder und bleibe im klaren Bewusstseinszustand des Friedens. Von oben betrachte ich die bauschige, weiße Wolkendecke und die Gipfel der Berge, deren majestätische Größe mich durchdringt. Ich spüre meinen Körper warm und voller Lebenskraft! Ich spüre das Leben und die wachsende Kraft mit Vertrauen in mir:

„Ich bin diese Kraft und Stärke"
„Ich bin stärker als jede Herausforderung!"
Ich bin der Meister meines Lebens"

Die Heilungsschlange – Tornado des Geistes!
Die gebündelte Kraft der Zahlensymbole

Ein Tornado (von spanisch „tornar", zu dtsch. „umkehren, wenden, (sich) drehen", aus dem Lateinischen „tornare", mit gleicher Wortbedeutung, Wind- oder Wasserhose, ist ein massiv verdichteter Luftwirbel in der Erdatmosphäre, der eine annähernd senkrechte Dreh-achse aufweist. Der Wirbel erstreckt sich hierbei durchgehend vom Boden bis zur Wolkenuntergrenze.

Erkenne auch in der Heilungsschlange das äquivalente Bildsymbol eines Tornados, der ungeheure Energien birgt und Bewusstsein und Erlebtes gestaltet! Denn jedes Bild bzw. jede körperliche Form ist ein Gefäß verdichteter psychi-scher Tornadoenergien. Es ist geistige Energie, die aus dem Geistigen („1") Formen bzw. Materie („6") erschafft.

Bilder – wie auch Träume - sind wirksame und bedeutsame geformte Verdichtungen psychischer Kräfte, besonders über emotional besetzte Symbole.

Erlebte freudige, schmerzhafte, aggressive oder erregende Bilder, aber auch aggressive Musik, formen quasi als Tornados die Persönlichkeit bewusst oder unbewusst und prägen Verhalten, Erleben und umgekehrt! Das heißt, aufbauende Träume, Symbole und Bilder, die du in dich hinein nimmst bzw. visualisierst, verbinden innere Bereiche mit dem Äußeren, erzeugen diese früher oder später, bis hin zu großen Resonanzen, je nachdem, wie intensiv man sich da auf die Tornadoschlange mit seinen Wünschen und Bedürfnissen oder auf seine Botschaft auf deine Fragen einlässt! Das „Wie" gilt es da dem Großen Geist zu überlassen!

Tauche auch du nun ein, in das Tornadobild der „Ehernen Schlange" und lass dich von seinen Bildern und Botschaften aus dem ungeheuren schwangeren Potential Großen Geistes berühren!

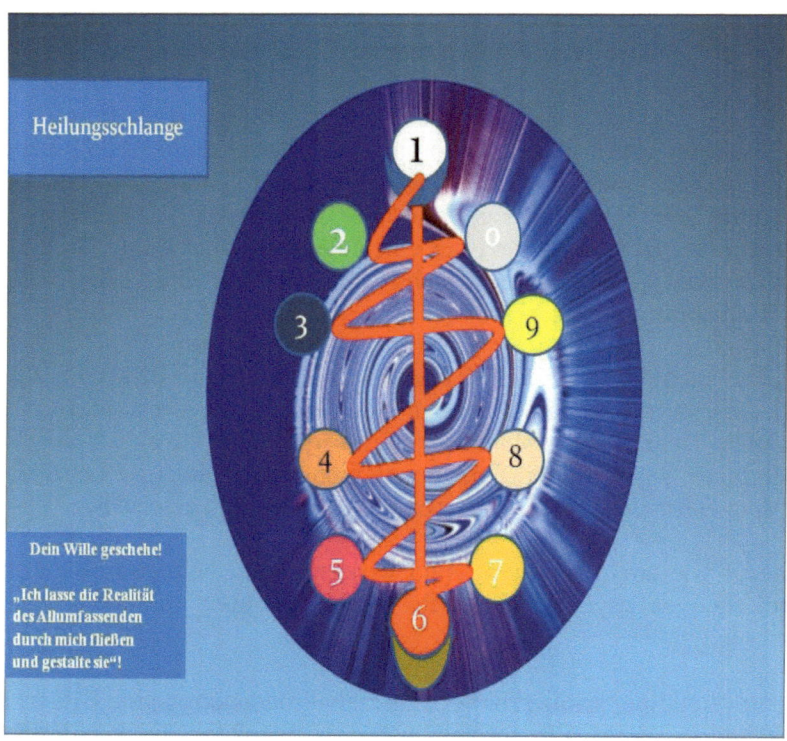

Wenn der Geist sich regt, entstehen die Dinge!

Zuerst war seine Schwingung und Rhythmus!
Dann wurde Licht!- als sein Bildwerk!

Er schuf sich als ein „Ich" – in der Zeit L(ong!) –„ICH" -T(ime) - d.h. in der Zeit) – das „Licht!" - als sichtbar verdichteter Energiewirbel.
Die erschaffene Welt ist immer sein Körper. Der Mensch ist sein „Tornado"-Bildwerk im Raum, ebenso wie alle Atome und Himmelskörper und Milchstraßen daraus entstehen. Auch jedes Organ, jede Zelle, jeder Körper ist ein winziger „Geisttornado"!

152

Therapeutische Imaginationsarbeit
mit der „Heilungsschlange des Moses"

Beispiel 1

Eine Klientin mit Übergewicht und mit hohen Cholesterinwerten und begleitender ständiger Medikamentierung, ließ sich unter meiner Leitung tief auf das Bild der „Ehernen Schlange" ein.

In ihrer meditativen Haltung mit geschlossenen Augen begegnete sie der grünen Schlange auf einer grünen Sommerwiese. Die große beeindruckende Schlange züngelte aber zwar, schaute sie dennoch freundlich lächelnd an!

Ich ließ sie die Schlange begrüßen und nach ihrem Namen fragen!

„Isis" wollte sie genannte werden!

Was willst du von mir – Kannst du mir helfen – fragte sie!

Ich, als ein göttliches Symbol, aus deiner Seele, sorge dafür, dass du bekommst, was du brauchst und ich versorge dich mit allem, was dich emotional näht. Ich lass dich Schutz und Geborgenheit fühlen und dass du in deinem Leben erwünscht bist und dich auf der Welt zu Hause fühlen kannst. Daran mangelt es!

Ich will, dass du anderen Menschen nahe bist und ihnen deine Gefühle zeigst.

Durch mich kannst du dich auf andere einlassen und an ihren Sorgen und Nöten seelisch Anteil nehmen. Ich bin die Mutter, die dich umsorgt und für dich da ist. Ich mag dein inneres Kind und sorge dafür, dass du es pflegst und gut behandelst, auch wenn du längst erwachsen bist. Ich möchte, dass du auch zu anderen fürsorglich und unterstützend bist. Durch mich lernst du dich besser zu erkennen, dir mehr zu vertrauen.

Ich bringe dich mit deiner Seele in Kontakt und möchte, dass du mich dafür gut behandelst, denn ich bin sehr sensibel.

„Wie kann ich das bekommen", fragte die Klientin!

„Komm mit und begleite mich" – forderte sie die Schlange auf!

Sie ging nun mit der sich durch das grüne Gras schlängelnde Schlange in die Weite der Sommerwiese hinein, mit ihren saftigen Gräsern und duftigen blühende Blumen, die sich in vielerlei Farben auf der Wiese sich entfalteten. Nach kurzer Zeit stießen sie auf eine lockere Felsbrockenformation, die im Lichte der Sonne viel Wärme ausstrahlte!

Davor richte sich nun Isis auf und sprach lächelnd:

„Dort findest du das erlösende Geheimnis!

Geh und schau dich mal in dieser Felsformation um! - Ich bin bei dir und führe dich!"

Die Klientin kletterte in die Felsformation hinein, bis sie, fast im Mittelpunkt angelangt, vor sich, auf dem Boden, auf das große Schlangeneinest stieß.

Beim näheren Hinschauen sah sie, dass ein Ei am Aufplatzen war und sich eine kleine grüne Schlange versuchte, aus der Schale zu befreien!

„Hilf ihr" - forderte sie Isis auf!

Die Klientin hob das Ei auf und nahm es vorsichtig auf ihren Schoß und half der kleinen Schlange, sich aus dem Ei zu befreien. Zugleich überkam sie ein tiefes wolliges Gefühl an Zärtlichkeit und Zuneigung gegenüber der kleinen Schlange, die sie nun in die Hand hielt und fing an sie zu streicheln.

Es wurde ihr dabei ganz warm ums Herz und tiefe zärtliche Gefühle stiegen in ihr auf, als die kleine Schlange begann sich an sie zu ringeln! Tief bewegt und mit der kleinen Schlange verbunden, wurde sie gewahr, wie diese kleine Schlange sich bei ihr geborgen und sicher fühlte und sich an sie schmiegte!

„Erkennst du jetzt, was dir fehlt" -fragte ich die Klientin!

Übersetze es mal für dich und atme es tief ein:

„Ich bin geborgen und sicher und vom Leben erwünscht!

Spürst du, wie erfüllend dieses noch nicht erfahrene Gefühl des Neuen, bisher Fehlenden in dir zu spüren, dass du immer nur bei und durch andere gesucht hast oder erzwingen wolltest?

Das ist das wirkliche Eintreten in dein Herz, das hier zum ersten Mal aus deiner Seele deine ureigene Wärme, Zuneigung und Geborgenheit in seiner ganzen Tiefe spüren darf!

„Oh ja!" rief die Klientin! – „Es ist überwältigend und um mein Herz ist ganz warm"!

Isis lächelte ihr ganz zärtlich zu und sprach:

„In meinem grünen Erscheinungsbild bin ich für dich das Symbol für berechtigte Hoffnungen und eine erfüllendere Gefühlswelt und verspreche dir, dass Freude und Wohlbefinden dich treffen werden, in einer neuen Zeit, mit mehr Lebendigkeit.

Sei deshalb mutig und erlaube nicht, dass dich die Angst weiterhin behindert".

Ich ließ die Klientin die Szene mit diesen intensiven Gefühlen zehn Minuten einatmen, in ihr Herz und den ganzen Körper!

Danach ließ ich sie sich von „ISIS" und der kleinen Schlangenkind verabschieden, mit dem Versprechen, so häufig wie möglich zurück zu kommen!

Das war ihre „Hausaufgabe", dies so oft wie möglich zu wiederholen.

Nach schon einer Woche begannen sich ihre Cholesterinwerte tatsächlich zu normalisieren. Ihr Essverhalten änderte sich und sie begann auch zunehmend abzunehmen!

Beispiel 2

....Beim Betrachten der Schlange fühle ich mich erfüllt, von einem sanften, friedlichen Gefühl, befreit, leicht und heiter. Frische durchweht mich. Mein Bewusstsein ist vollkommen wach und klar. Mit jedem bewussten Atemzug atme ich grenzenlose Weite und Freiheit.

Mein Körpergefühl ist warm und friedlich. Ich nehme nur das seidige Fließen meines Atems wahr. Immer weiter sinke ich in den Zustand tiefer Stille. Mein Geist ist dabei vollkommen klar und wach. Ich spüre mein eigenes Bewusstsein und versuche, die Form, Ausdehnung und Größe meines Bewusstseins zu erfassen.

In Gedanken rufe ich nun nach Gott. Ich bitte Gott, sich mir zu offenbaren. Voller Vertrauen öffne ich mich der Antwort. Das Göttliche ist, allgegenwärtig und durchdringt mich. Ich verschmelze mit der göttlichen Allgegenwart.

Mein Geist tastet nach Gott. Ich suche zu erfassen, was Gott ist. Dabei denke ich an göttliche Eigenschaften wie Frieden... Liebe... Sein... Ewigkeit... Unendlichkeit...

Ich erahne Gottes ewiges, unendliches Sein.

Ich erfasse:

Gott ist reiner Geist. Licht – Leben und Lebendigkeit. Gott ist Freiheit, die man atmen kann. Gott ist Schönheit... Gott ist Lachen... Gott ist lebendige Kraft...

Gott hat mich erschaffen. Gott beseelt jede Zelle meines Körpers. Mein Leben ist göttliches Leben, seine Engelskraft. Mein Engelsbewusstsein ist Teil des göttlichen Bewusstseins. Ich spüre meine Verbindung zum göttlichen Geist, der meinen Scheitel hell durchstrahlt, fühle die Rückkehr in mein Engelsein.

Gott umarmt mich mit der unendlichen Weite seiner Gegenwart. Ich selbst kann mich jetzt umarmen als ewiges, göttliches Bewusstsein. Bewusst sehend, tauche ich jetzt ein, als Engel in den unendlichen Ozean der göttlichen Allgegenwart.

Es spricht nun in mir:

„Alle Möglichkeiten stehen dir jetzt offen. Die gespürte Energie zeigt dir, dass du in der Lage bist, deine Träume wahrhaft in Erfüllung gehen zu lassen.

Deine Ziele sind nun in Sichtweite gerückt. Denke nicht länger eng und kleinmütig, sondern blicke über den Horizont deiner selbstgesetzten Verstandesgrenzen hinaus.

Du bist ein einzigartiges Wesen, vom Leben erwünscht, dessen Stimme in der Welt nach Ausdruck verlangt. Deine Welt ist jetzt bereit für neue Ansätze und deine Ideen, also ergreife das Wort!

Die nun gefühlte große Weite in dir, ist das Symbol einer Bewusstwerdung, die ungehindert die weiten Räume deiner Möglichkeiten durchstreifen lässt. Erlaube einer größeren Vision an die Stelle deiner Raupenvorstellungen zu treten und werde zum Schmetterling deines Lebens!"…

Ausklang

So führe auch du jetzt, mit den geschilderten Symbolen und Zahlenbildern, dein eigenes „Kamingespräch" mit deinen Wesensgliedern - den Archelogos - in deiner und mit deiner Seele und lasse damit Wunder in dein Leben treten, denn:

Letztendlich, als nun geübter „Zahlenkabbalist, kann besonders immer wieder auf die „eherne Schlange" des Moses zurück-gegriffen werden, um sich mehr und mehr mit den gesamten Kräften des Lebensbaumes zu verbinden, die zu mehr Authentizität der eigenen Persönlichkeit führt!
Mehr und mehr durchblickst du dann dein Leben und es fließt, weil deine Intuition, mit Gefühl, Gedanke, Wort und Tat mehr und mehr eins wird.

Das vorausschauende schöpferische Agieren wird so mehr in den Vordergrund treten. Du überblickst so dein Leben, ohne nur zu reagieren. Da wo große Problemberge vormals waren, siehst du mehr und mehr kleine „Maulwurfshügel" und dein Leben fließt, weil du dich mit deinem Leben verbunden fühlen kannst!

So führe auch du jetzt, mit den geschilderten Symbolen und Zahlenbildern, dein eigenes „Kamingespräch" mit deinen göttlichen Wesensgliedern, den Archelogos, in deiner und mit deiner Seele, als die größte Version von dir und lasse damit Wunder in dein Leben treten, denn:

**„Sei du die Veränderung, durch deine Symbolarbeit,
die Du in der Welt sehen willst."
„Du bist die Welt, in der du lebst – Diese Welt ist in dir"!**

So höre nun dein Heilungsgebet:

„Großer Geist, der du bist, großes Licht.
Siehe und erblicke mein kleines Sein,
Lass mich groß sein, groß werden, so wie du es bist,
auf das auch ich in der Lage bin dich zu erkennen,
Großer Geist, großes Licht!
Erhöre mich, erfühle mich, Erfasse mich.
Großer Geist, großes Licht!
Aus dir bin ich gekommen, aus deinem Sein entstanden"
So spricht der große Geist, das große Licht:
„Aus meinem Sein, bist du mein Sein.
Geheimnis des Atems, Brücke zu mir.

Empfange damit die Einweihung deine Seele mit ihren „Wesensgliedern", dich mit Gott, mit seiner Liebe zu verbinden. Empfange seinen Segen für alle Zeit, deine Kraft und deine Stärke aus Gott, durch Gott, mit Gott!"

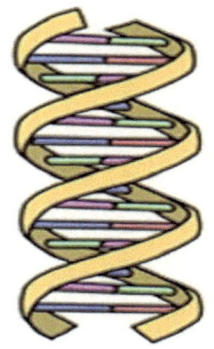

Die eherne
Schlange in
der DNA

„Du musst verstehn!
Aus Eins mach' Zehn,
Und Zwei lass gehn,
Und Drei mach' gleich,
So bist Du reich.
Verlier' die Vier!
Aus Fünf und Sechs,
So sagt die Hex',
Mach' Sieben und Acht,
So ist's vollbracht:
Und Neun ist Eins,
Und Zehn ist keins.
Das ist das Hexen-Einmal-Eins!"

„Das ist noch lange nicht vorüber,
Ich kenn' es wohl, so klingt das ganze Buch;
Ich habe manche Zeit damit verloren,
Denn ein vollkommener Widerspruch,
bleibt gleich geheimnisvoll für Kluge wie für Toren.
Mein Freund, die Kunst ist alt und neu.
Es war die Art zu allen Zeiten,
Durch Drei und Eins, und Eins und Drei
Irrtum statt Wahrheit zu verbreiten.
So schwätzt und lehrt man ungestört!
Wer will sich mit den Narr'n befassen?
Gewöhnlich glaubt der Mensch, wenn er nur Worte hört,
Es müsse sich dabei doch auch was denken lassen."
(Goethe- Faust!)

Kopiervorlagen

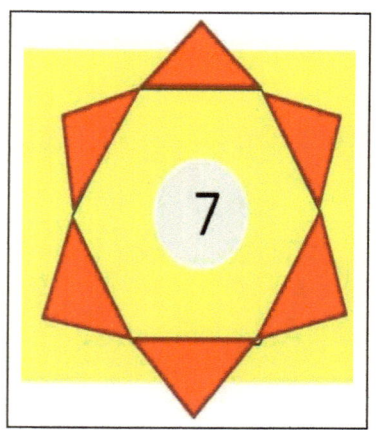

162

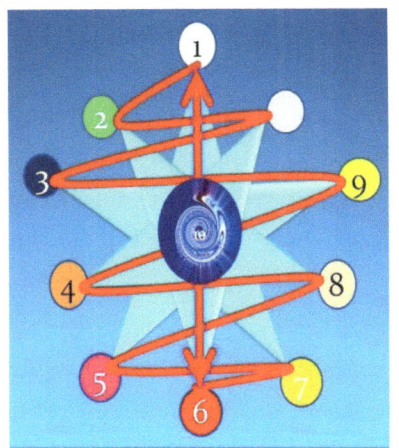

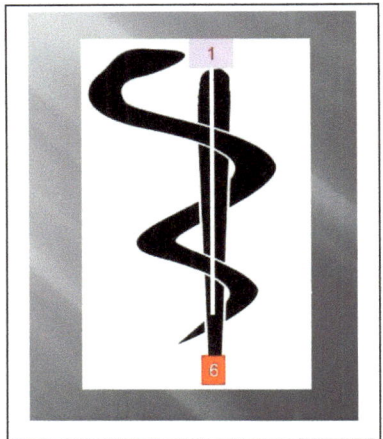

163

AXel Englert

Supervision & Psychologische Beratung
Schulstraße 4
63867 Johannesberg
Telefon: 06021- 48 55 2
mental-x.de
www.mentalix@aol.com

Als Diplompädagoge, mit vielen Jahren Managementtätigkeit im Personal- und Bildungswesen, erfolgte 1991 die Hinwendung zur archetypischen Psychologie von C.G. Jung Seit 1993 Selbständige Tätigkeit als Trainer für Supervision, Sinn- und Konfliktmanagement, Ziel- und Teamfindungsseminare, Mentaltraining, sowie Persönlichkeitstrainings mit eigenentwickelten Familien- und Systemaufstellungen.

Nach einer Ausbildung zum psychologischen Heilpraktiker, mit Praktikumser-fahrung in einer psychiatrischen Klinik, war der nächste Schritt die Führung einer ganzheitlichen ausgerichteten psychologischen Lebensberatungspraxis.

Unterstützt wird diese Praxis durch Studium und Anwendung der psycholo-gischen- astrologischen Beratung, auf der Basis der „Huber-Koch"- Schule und spezieller eigenentwickelter Kabbalistischer Numerologie, die der Autor in Aus-bildungskursen in Verknüpfung mit der Analytischen Psychologie C. G. Jungs durchführt.

Mit seinen Büchern möchte der Autor auf heilende und lebensverändernde Kraft der inneren archetypischen Bilder und Symboliken hinweisen, die erst einmal frei-gesetzt, große psychische heilsame Energien in zu verändernde oder transformier-ende Lebenssituationen fließen lassen.

(Siehe: www.bod.de – Buchshop - Axel Englert)

.